Abi Italienisch

Alles Digitale zu diesem Buch kann auf der Lernplattform **allango** von Ernst Klett Sprachen abgerufen werden. So geht's:

| QR-Code scannen oder **www.allango.net** aufrufen | Buchtitel oder ISBN in der Suche eingeben und auf das Buchcover klicken | Zum Inhalt navigieren, direkt abrufen oder speichern |
|---|---|---|

Dieses Symbol bedeutet, dass zu einem Buch-Abschnitt ein digitaler Inhalt verfügbar ist.

# Abi Italienisch
## Kompetenztraining für die Oberstufe

von
Michaela Banzhaf
Christina Maier
Isabella Maurer
Sonja Schmiel

Ernst Klett Sprachen
Stuttgart

**Bildquellennachweis**

**23** Sonja Schmiel, Rom; **45** picture alliance / AP Photo; **52** Shutterstock (Dragance137), New York; **58** Shutterstock (Syda Productions), New York; **68** Getty Images (Hero Images), München; **71** Shutterstock (Jozsef Bagota), New York; **72** Shutterstock (monaliza0024), New York; **81** imago images / Italy Photo Press; **104, 118** © Gianni Fiorito; **106** Getty Images (Artindo), München; **107, 115** Getty Images (Stefano Montesi), München; **108** mauritius images (Werner OTTO), Mittenwald; **109** Shutterstock (Franco Volpato), New York; **110** Colourbox.de (Knud Nielsen), Berlin; **111.1, 113.1.1** Pixabay (JamesDeMers), Neu-Ulm; **111.2, 113.2.2** Shutterstock (auphoto), New York; **111.3, 113.3.3** Shutterstock (Florian Augustin), New York; **111.4, 113.4.4** © Addiopizzo Association - www.addiopizzo.org; **112** Shutterstock (Moloko88), New York; **114** Forattini, Giorgio (1931-): Mafia romana. Un coccodrillo col muso digitale (1) a forma di Sicilia, con coppola e tentacoli di piovra che si allungano sul Colosseo, 2014. Rome, Archivio Giorgio Forattini. © 2019. ARCHIVIO FORATTINI/ SCALA, Florence; **116** Shutterstock (Roberto Lo Savio), New York; **117** laif (Massimigliano Migliorato/Polaris), Köln

1. Auflage 4 | 2025


www.klett-sprachen.de

Redaktion: Elena Bergmann
Muttersprachliches Korrektorat: Federica Colombo
Layoutkonzeption: Andreas Drabarek
Gestaltung und Satz: Joachim Schrimm, bostext OHG, Friolzheim
Umschlaggestaltung: Andreas Drabarek
Titelbild: Cover U1 Shutterstock (LightField Studios), New York;
Druck und Bindung: Elanders GmbH, Waiblingen

Printed in Germany
ISBN 978-3-12-526232-4

# Inhaltsverzeichnis

# Vorwort

## Liebe Abiturientin, lieber Abiturient,

bald ist es so weit – in wenigen Monaten werden Sie Ihre Abiturprüfung in Italienisch ablegen. Das ist aber kein Grund nervös zu werden oder sich Sorgen zu machen! Die Hauptsache ist, dass Sie gut vorbereitet sind. Dabei wird Ihnen dieses Arbeitsheft helfen.

Der Aufbau des Heftes orientiert sich an den Anforderungsbereichen der Abiturprüfung:
1. Leseverstehen
2. Sprachmittlung
3. Textproduktion
4. Hörverstehen
5. Sprechen (Mündliche Prüfung / Kommunikationsprüfung)

Jedes Kapitel beginnt mit einer Definition des Anforderungsbereichs. Darin wird beschrieben, was von Ihnen erwartet wird und welche Aufgaben auf Sie zukommen. Auf den zwei folgenden Seiten finden Sie Strategien, die beim Bearbeiten dieser Aufgaben hilfreich sind. Im Anschluss daran folgen eine Beispielaufgabe und mehrere Übungsaufgaben. Die Übungsaufgaben für die schriftlichen Prüfungsteile können Sie selbstständig bearbeiten. Die Übungsprüfungen für den mündlichen Teil werden am besten im Unterricht oder gemeinsam mit einem Klassenkameraden / einer Klassenkameradin durchgeführt.

Je nach dem in welchem Bundesland Sie Ihr Abitur schreiben, werden die Aufgaben etwas anders aussehen. Die Grundanforderungen sind jedoch überall gleich. Zur Vorbereitung lohnt es sich auf jeden Fall alle Aufgaben einmal zu machen.

Die Lösungen zu den geschlossenen Aufgaben (Lese- und Hörverstehen) sowie Lösungsvorschläge/Erwartungshorizonte für alle anderen Aufgaben stehen für Sie online zur Verfügung. Denken Sie aber immer daran, dass es bei vielen Aufgaben, z. B. bei kreativen Schreibaufgaben kein richtig oder falsch gibt und unterschiedliche Lösungen richtig sein können.

Auch die Mediendateien z. B. für das Hörverstehen finden Sie online (siehe Seite 1).

Zusätzlich zu diesem Arbeitsheft empfehlen wir Ihnen *Pronti per scrivere* (Klett Nr. 519563) zum Festigen und Erweitern von Redemitteln für die Textanalyse sowie den *Thematischen Grund- und Aufbauwortschatz Italienisch* (Klett-Nr. 519518) für das Lernen und Wiederholen des themenspezifischen Wortschatzes.

Wir wünschen Ihnen viel Erfolg beim Abitur!

# 1. Leseverstehen (Comprensione del testo)

## Definition

### > Das Ziel des Leseverstehens: Was wird verlangt?

Sie zeigen durch die Bearbeitung der Aufgaben, dass Sie Informationen aus einem Text entnehmen können. Abgeprüft wird nur das Textverständnis (die Rezeption), die Textproduktion spielt bei diesem Aufgabenformat eine untergeordnete Rolle.

### > Anhand welcher Texte wird das Leseverstehen abgeprüft?

- Unbekannte Texte (d.h. kein Auszug aus der durch ein eventuelles Schwerpunktthema vorgegebenen Literatur ist möglich). Allerdings besteht ein inhaltlicher Bezug zum Schwerpunktthema.
- Sowohl konkrete als auch abstrakte Texte, Zeitungsartikel, Kommentare, Hintergrundberichte, Leserbriefe und schließlich literarische Texte. In der Regel werden Texte gewählt, die eine relativ klare Struktur aufweisen.

### > Anhand welcher Aufgabentypen wird das Leseverstehen abgeprüft?

1. Geschlossene Aufgaben
   ⇨ Alternativantworten sind komplett vorgegeben. Kreuzen Sie die richtige Antwort an.
2. Halboffene Aufgaben
   ⇨ Ergänzen Sie mit eigenständig formulierten Einzelwörtern, Wortgruppen, Kurzantworten etc. (i.d.R. findet sich in diesem Fall in der Aufgabenstellung die Formulierung *con parole vostre*. Ist dies nicht angegeben, dürfen Sie auch Begriffe bzw. Satzelemente aus dem Text zitieren).

| Beispiele für geschlossene Aufgabentypen | Beispiele für halboffene Aufgabentypen |
| --- | --- |
| **Alternativaufgaben (Multiple Choice / compiti a scelta multipla)**<br>- Auswahl einer Antwort aus mehreren vorgegebenen Möglichkeiten<br>- i.d.R. mit Beleg (Zeilenangabe mit den ersten drei und den letzten drei Wörtern des Satzes)<br><br>**Entscheidungsaufgaben (vero-falso)**<br>- Festlegung, ob eine vorgegebene Aussage zum Text wahr oder falsch ist<br>- i.d.R. mit Beleg (Zeilenangabe mit den ersten und letzten drei Wörtern des Satzes)<br><br>**Zuordnungsaufgaben / logische Reihung (matching; abbinamento)**<br>- Auswahl von Informationen, die z. B. auf eine im Text genannte Person zutreffen<br>- Zuordnung von Informationen z. B. zu verschiedenen im Text genannten Personen<br>- Ordnen von Informationen (z. B. in der Reihenfolge, in der sie im Text vorkommen) | **Ergänzungsaufgaben / Kurzantworten**<br>- Vervollständigen von Sätzen (auch in eigenen Worten), Notieren von Kurzantworten (meist keine ganzen Sätze)<br>⇨ sprachliche Fehler werden nicht gewertet; es geht allein um die inhaltliche Botschaft!<br><br>**Aussagen zu Sachverhalten im Text**<br>- Finden von Adjektiven zur Charakterisierung einer Person<br><br>**Beantwortung von Fragen in einem ganzen Satz**<br>- Dieser recht offene Aufgabentypus wird nicht in allen Bundesländern abgeprüft. Grundsätzlich gilt auch hier: sprachliche Fehler werden nicht gewertet! |

## Strategien

1. **Lesen Sie zunächst den ganzen Text einmal durch (ohne Aufgabenapparat).**
   Verzweifeln Sie nicht, wenn er schwer erscheint! (Das ist gewollt - anders gesagt: Dass man nicht sofort den gesamten Text versteht, ist Teil der Aufgabe! Es geht ja darum zu zeigen, dass man Strategien kennt, mit Hilfe derer man auch sprachlich sehr schwierige Texte entschlüsseln kann.)

2. **Klären Sie für sich selbst das Textverständnis, damit Sie der später folgende Aufgabenapparat nicht verwirrt.**
   - Globalverständnis:
     - Thema des Textes
     - Texttyp (Zeitungsartikel? Literarischer Text? Interview?)
     - Angaben zum Verfasser und zum Zeitpunkt des Erscheinens des Textes beachten
     - Welche und wie viele Personen kommen vor?
     - Wo spielt der Text?
   - Struktur des Textes:
     - Gibt es Paragraphen?
     - Wo werden neue Gedanken / Ideen eingeleitet?
   - Detailverständnis:
     - Wortangaben beachten
     - unbekannte Vokabeln:
       - ⇨ ableiten
       - ⇨ aus dem Kontext verstehen
       - ⇨ mit Hilfe einer weiteren Fremdsprache klären
       - ⇨ im ein- bzw. zweisprachigen Wörterbuch nachsehen

3. **Bearbeiten Sie die Aufgaben zum Textverständnis nacheinander.**
   - In der Regel orientieren sich die Aufgaben an der Chronologie des Textes. Auf diese Weise kann man gezielt nach den Informationen im Text suchen.
   - Tipp 1: Wenn man sich bei einer Aufgabe unsicher ist, geht man weiter zur nächsten: Findet man hierzu die Antwort im Text, kann man danach die Textstelle, in der sich die Antwort zur vorherigen Aufgabe befindet, genau definieren!
   - Tipp 2: Arbeiten Sie zunächst mit einem Bleistift, um in einem zweiten Schritt die eigenen Antworten korrigieren zu können.
   - Tipp 3: Lesen Sie unbedingt die Aufgabenstellung ganz genau, damit Sie wissen, was erwartet wird (Soll man eine Antwort auswählen? Zwei Antworten? In eigenen Worten antworten? Beleg liefern? etc.).

4. **Tipps zur Bearbeitung von Multiple-Choice-Aufgaben**
   - Multiple-Choice-Aufgaben klingen oft einfacher, als sie in der Realität dann sind: Die vorgegebenen falschen Antworten können nämlich stark verwirren; oft finden sich hier auch Begriffe, die aus dem Text übernommen wurden. Dennoch bedeutet das nicht, dass deshalb die ganze Aussage richtig sein muss (Vorsicht: Fallen!).
   - Lesen Sie die Aufgabenstellung genau: Wie viele richtige Antworten gibt es?
   - Ist ein Beleg gefordert? (Achtung: Nur wenn Kreuz und Beleg übereinstimmen, gibt es einen Punkt!)
   - Erfinden Sie keine unnötigen Strategien („Die längste Aussage ist die richtige", „die letzte Aussage ist die richtige"): Die Antwortmöglichkeiten werden i.d.R. entweder streng nach Alphabet oder nach Länge der Antworten aufgelistet, um Spekulationen in diesem Bereich gar nicht aufkommen zu lassen.

5. **Tipps zur Bearbeitung von Vero/falso-Aufgaben**
   - Es geht nur darum zu entscheiden, ob eine getroffene Aussage richtig oder falsch ist. Doch auch hier steckt der Teufel im Detail, denn man muss die Aussage genau verstehen (Vorsicht: Auch hier gibt es Fallen, z. B. Verneinungen!). Es könnte auch sein, dass nur ein Teil der Aussage stimmt, der andere aber nicht (also ist sie falsch!).
     - Lesen Sie die Aufgabenstellung und die Aussagen genau.
     - Bei diesem Aufgabentyp ist immer ein Beleg gefordert (Achtung: Nur wenn Kreuz und Beleg übereinstimmen, gibt es einen Punkt!)

- Auch hier gilt: Erfinden Sie keine unnötigen Strategien! Es gibt keine Regel, die besagt, dass es pro Klausur gleich viele wahre wie falsche Antworten geben muss. Ob eine Aussage richtig oder falsch ist, findet man eben nur heraus, wenn man sich auf den Text konzentriert.

### 6. Tipps zur Bearbeitung von Zuordnungsaufgaben

- Bei Zuordnungsaufgaben handelt es sich häufig darum zu entscheiden, auf welche der im Text genannten Personen bestimmte Aussagen zutreffen. Dies ist oft eine ganz dankbare Aufgabe, weil man die Personen nur voneinander abgrenzen muss. Der Nachteil dieses Aufgabentypus besteht allerdings darin, dass er sich meist nicht nur auf eine einzige Textstelle, sondern auf viele Informationen bezieht, die über den ganzen Text verstreut sind. Aus diesem Grund stehen Zuordnungsaufgaben in der Regel am Ende des Aufgabenapparats. Gleiches gilt für die logische Reihung, bei der man z. B. Aussagen zum Text in die richtige Reihenfolge bringen muss.
  - Es empfiehlt sich hier, zur eigenen Sicherheit die Textstelle zu suchen, die Grundlage für die eigene Entscheidung ist, auch wenn man sie nicht angeben muss. So findet man eventuelle „Fallen" leichter.

### 7. Tipps zur Bearbeitung von halboffenen Aufgaben

- Bei diesem Aufgabentyp geht es darum, Sätze zu vervollständigen bzw. Kurzantworten zu geben. Oft wird eine Angabe dazu gemacht, ob man dies in eigenen Worten tun soll oder sich auch der Aussagen des Textes bedienen darf. Fehlt diese Angabe, so kann man sich aussuchen, ob man zitieren oder in eigenen Worten formulieren möchte.
  - Suchen Sie unbedingt die Textstelle, auf die sich der Satzanfang bezieht, und übernehmen Sie ruhig Begriffe aus dem Text, sofern dies passt.
  - Wenn in eigenen Worten geantwortet werden soll, ist das auch nicht schwierig. Sie müssen sich nur immer wieder ins Gedächtnis rufen, dass es allein darum geht zu beweisen, dass Sie den Text verstanden haben. Sprachliche Fehler zählen nicht! Allerdings sollten Sie dennoch darauf achten, korrekt zu formulieren, da die volle Punktzahl nur gegeben wird, wenn der Korrektor verstehen kann, was Sie äußern wollten.

### 8. Tipps zur Bearbeitung von offenen Aufgabentypen

- Hier werden Sie aufgefordert, ganze Sätze zu schreiben.
- Wieder gilt, dass Sie zunächst nach möglichen Antworten im vorgegebenen Text suchen, die bei der Formulierung helfen können.
- Sollen Sie in eigenen Worten antworten, so sollten Sie kurze Sätze ohne komplexe Struktur vorziehen, damit die Verständlichkeit nicht leidet.
- Offene Aufgabentypen sind im baden-württembergischen Abitur in der Regel nicht vorgesehen.

### 9. ... und am Ende?

- Lesen Sie auf jeden Fall nochmal Korrektur.
- Schreiben Sie Ihre Lösungen mit Füller bzw. Kugelschreiber.
- Achten Sie auf die Zeit.
- Und schließlich können Sie sich zurücklehnen, kurz entspannen und sich sagen, dass Sie im besten Fall bereits 10 Punkte der Prüfung sicher haben!

> Beachten Sie die Zeitvorgaben.
> Lesen Sie den gesamten Text einmal durch.
> Klären Sie das Textverständnis für sich selbst (Textsorte, Thema, Struktur des Textes).

➔ **Strategien 1–3**

**Elisa Maino – *#OPS***

Metto la serie tv in pausa e guardo la strada. È più forte di me, in pullman mi viene sempre la nausea, non posso guardare il cellulare per più di dieci minuti, ma meglio così, capitare per sbaglio in qualche profilo Instagram sbagliato non farebbe altro che peggiorare la mia situazione, già di per sé traumatica.
In un istante mi immagino Leila e Johnny, in una delle affollate spiagge di Riccione a giocare a pallavolo, si schizzano, si rincorrono e quando non hanno più fiato si rilassano sul lettino al sole. Il pullman prende una curva troppo stretta e la mia testa fa quattro capriole, deglutisco di colpo. Aiuto. Mi sento ghiacciare la punta delle dita, stringo forte il cellulare costringendomi a non guardarlo. Pensa a qualcos'altro, pensa a qualsiasi cosa, mi dico. Mi viene in mente, non so perché, una delle immagini più imbarazzanti della mia infanzia. Io che inciampo nella torta di compleanno rovinando il vestito nuovo e la mia reputazione.
Ok, pensare ad altro non funziona. Ma su un pullman non è che ci sia molto da fare, a parte sentire la musica, ma certo, infilo la mano in tasca alla ricerca delle mie preziose cuffiette usate poco prima. La prima cosa che estraggo è il volantino accartocciato di una pasticceria dove io e Johnny abbiamo mangiato una meringata mega, in centro. Ricordo come se fosse ieri lui che mi imboccava con la forchetta sporcandomi il naso di panna, il mio Johnny. No. Proviamo nell'altra tasca. Ed eccola lì, la catenina che mi ha regalato Leila l'ultimo giorno di scuola, ci sono le nostre iniziali, legate insieme come sorelle gemelle. Dio, quanto mi manca. Gli occhi mi si appannano di lacrime, ma le ricaccio indietro guardando il soffitto del pullman.
La signora seduta di fianco a me mi guarda stranita. [...]
Il mio cellulare suona. È Johnny. Rispondo senza pensarci due volte.
«Hey Evy, sei già arrivata?»
«Ciao! Johnny! No, quasi però...»
«Evy non ti sento, ma dove sei? Parla più forte.»
Maledizione, con le cuffiette sarebbe tutta un'altra cosa. Accidenti a me.
«Ho detto che manca poco!» ripeto, a voce più alta. La signora seduta accanto a me mi fulmina con lo sguardo.
«Evy senti, non so in quale parte del mondo tu sia ma non si sente niente, cioè, è come se fossi dentro a un buco nero.»
«Sono sul pullman e credo di essere quasi arrivata!» urlo, tutto d'un fiato. La signora sbuffa e sussurra qualcosa in un dialetto per me incomprensibile, ma intuisco che non si tratta di un complimento alla mia educazione, sicuramente. Ops.
«Ah ok! Ora ti sento. Io e Leila abbiamo fatto una partita pazzesca a pallavolo contro altri ragazzi, pensa che li abbiamo stracciati, avevamo fatto una scommessa prima di iniziare e ora uno di loro deve andare da una sconosciuta e dirle "ti amo fiorellino".»
Johnny ride, cavolo come mi manca la sua risata.

«Ti passo Leila che ti vuole salutare, ci manchi Evy, mandaci una foto appena arrivi, voglio essere sicuro che ti trovi bene!»
Non faccio in tempo a rispondere che sento la voce energica della mia migliore amica.
«Ciao Honey! Come stai?»
Io e Leila ci chiamiamo "Honey" dalle elementari, e questo soprannome non è più cambiato, come la nostra amicizia, d'altronde. Johnny, all'anagrafe Giovanni, invece è in teoria il mio migliore amico, in pratica ho una cotta per lui da anni, ma non l'ho mai detto a nessuno, nemmeno a Leila, non posso rischiare di rovinare la nostra amicizia, noi tre siamo inseparabili, non riesco a immaginare la vita senza di loro.
«Abbastanza bene, Honey.»
Rispondo, poco convinta.
«Evy, non sento niente. Comunque sei una stronza e ci manchi da morire, non posso credere che non ti abbiano lasciata venire.»
Sospiro. I miei genitori hanno preso le vacanze a luglio, perché ad agosto c'è troppa gente in giro e bla bla bla. Risultato? I miei amici sono al mare con le famiglie ora, e io sto andando in montagna dalla nonna.
La nonna, che poi, chi la conosce? Praticamente non ci siamo mai viste, è impossibile per lei scendere a Milano da così lontano e quindi per me è una mezza sconosciuta, l'unica cosa che so di lei è che ogni cinque mesi ci invia delle buste con un piccolo fiore all'interno. Curioso, vero? Be', ma a quanto pare la connessione in montagna non funziona così bene, e poi la nonna non può scrivere, ha perso la vista in un incidente da ragazza.
«Comunque Johnny dice di chiamarci appena arrivi, dobbiamo sentirci tutti i giorni! Così è come se tu fossi qui con noi! Ah, a proposito, ho una crush che sono sicura approveresti. Voglio assolutamente le foto dei tipi più fighi lì, hai notato qualcuno sul pullman?»
Do un'occhiata in giro, il ragazzo più giovane avrà almeno cinquant'anni. Ma tanto lo so già che sono destinata a rimanere single a vita, mi comprerò un gatto grasso e sarò felice così.
«Va be', Evy non ti sento e mi sto rompendo di parlare a vuoto, chiamami quando arrivi così possiamo avere una conversazione normale. Ti amo Honey!»
«No Leila aspetta, volevo chiederti di...»
La signora sbuffa rumorosamente, ora mi sta proprio guardando male. La conversazione finisce così, nel vuoto, e io rimango con il cellulare in mano. Chiederti di portarmi una conchiglia, penso, prima di tornare a guardare fuori dal finestrino, sconfitta.

(898 parole)
Elisa Maino, *#OPS,* © Rizzoli, Milano, 2018

Annotazioni

6 **Riccione** cittadina italiana in provincia di Rimini, in Emilia-Romagna. È una delle principali mete turistiche della Riviera romagnola.
68 **ho una crush** c'è un tipo che trovo interessante, una persona per cui provo attrazione.

## Comprensione del testo (10 p.)

> Bearbeiten Sie die Aufgaben hintereinander, da sie in der Regel der Chronologie des Textes folgen!

**Istruzioni per la compilazione:**
- Segna la soluzione corretta.
- Indica le righe corrispondenti alla citazione e scrivi le prime e le ultime tre parole della citazione stessa.
- Se la citazione sarà di meno di sei parole, scrivi l'intera citazione.

### 1. Comprensione globale – Segna con una crocetta la risposta giusta. 1 p.

Multiple-Choice-Aufgabe → **Strategie 5**

La narratrice è

- ☐ in treno.
- ☐ su una corriera.
- ☐ in spiaggia a Riccione.
- ☐ a una festa di compleanno.

riga / righe: ______________

citazione: ______________________________________________

______________________________________________

### 2. Vero o falso – Segna con una crocetta la risposta giusta. 3 p.

Geben Sie die Zeilenangabe(n) und die ersten und letzten drei Wörter des Belegzitats an.

| | vero | falso |
|---|---|---|
| a) L'ultimo giorno di scuola Johnny ha fatto un bel regalo alla narratrice. | ☐ | ☐ |

riga / righe: ______________

citazione: ______________________________________________

______________________________________________

| | vero | falso |
|---|---|---|
| b) La conversazione telefonica a volte viene interrotta. | ☐ | ☐ |

riga / righe: ______________

citazione: ______________________________________________

______________________________________________

| | vero | falso |
|---|---|---|
| c) La signora che è seduta accanto alla narratrice non approva il suo comportamento. | ☐ | ☐ |

riga / righe: ______________

citazione: ______________________________________________

______________________________________________

Dies ist eine halboffene Aufgabe: Sie sind aufgefordert, den Satz zu beenden. Sie haben die Möglichkeit, in eigenen Worten zu antworten oder auch aus dem Text zu zitieren. Beachten Sie jedoch, dass der Satz im Text aus der Perspektive der Erzählerin geschrieben ist.
→ **Strategie 8**

**3. Completa la frase.** **1 p.**

La narratrice non ha mai confessato alla sua migliore amica di essere innamorata di Johnny

perché ______________________________

______________________________

______________________________

**4. Segna con una crocetta la risposta giusta.** **2 p.**

a) La narratrice non può raggiungere gli amici in spiaggia perché i suoi genitori
- ☐ non sono più in ferie.
- ☐ preferiscono portarla in montagna.
- ☐ stanno male e non possono andare via.
- ☐ vogliono che la figlia non stia sempre insieme a Leila e Johnny.

riga / righe: ______________

citazione: ______________________________

______________________________

b) La nonna della narratrice
- ☐ è cieca.
- ☐ vive a Milano.
- ☐ viene spesso a trovare la nipote.
- ☐ manda più volte all'anno delle lettere in cui racconta cosa fa.

riga / righe: ______________

citazione: ______________________________

______________________________

**5. Perché la narratrice non si sente a suo agio? Scrivi tre motivi menzionati nel testo.** **3 p.**

a) ______________________________

b) ______________________________

c) ______________________________

!

- Beachten Sie am Ende Strategie 10 (Korrektur lesen, mit Füller / Kugelschreiber schreiben / auf die Zeit achten!)
- Vergleichen Sie nun Ihre Lösungen mit der Musterlösung und notieren Sie die Punktzahl, die Sie erreicht haben. Achten Sie darauf, ob Ihnen ein Aufgabentyp mehr Schwierigkeiten bereitet als andere. Diesem Aufgabentyp sollten Sie bei den folgenden Texten besonderes Augenmerk widmen.

## 2 Immigrazione

**Melania Mazzucco – *Io sono con te. Storia di Brigitte***

*Brigitte è una donna che arriva come clandestina in Europa. Viene dal Congo dove ha perso tutto. Ecco il suo inizio in Italia, a Roma.*

Il 27 gennaio è domenica. Lei si alza poco dopo le cinque. Manca ancora tempo all'alba. Non sente le dita, il naso, la faccia, le gambe. Non sente però neanche il dolore che la squarcia, il coltello da settimane conficcato nel centro esatto del suo corpo. Non sente nulla. È come se non fosse dov'è, né chi è. Come se la donna che sbanda, vacilla e vaga sul piazzale della stazione Termini fosse un'altra, una persona che neppure conosce. Perché lei non può essere questa. Non hanno nulla in comune.

Beve un sorso d'acqua alla fontanella. È ghiacciata. Se fosse ancora la persona che è stata, le verrebbe in mente di lavarsi il viso. Da quando è nata, non c'è stata una mattina in cui non si è lavata il viso. E il corpo, e le mani. La pulizia come forma di rispetto di sé e degli altri è una delle prime cose che le ha insegnato sua madre. Maman Nzusi non sopportava di vedere una macchia, uno schizzo di fango, neanche un bioccolo di polvere. Ma la mattina del 27 gennaio lei non è in grado di pensare a niente e non ricorda neppure di avere una madre. Non si lava il viso. Ciononostante, ha le guance bagnate e molli. Sta piangendo.

Attraversa il corridoio interno e sbuca in via Marsala. La scritta enorme che corre sopra l'ingresso – ROMA TERMINI – è la prima cosa che ha visto ieri, arrivando. Ma sono parole vuote di significato, e che non collega a nulla. Non sa dove si trova, né in quale parte del mondo. Sa solo di essere lontanissima da casa. Intorno a lei, le persone parlano una lingua che non capisce. La maggior parte ha la pelle colore del gesso, come l'intonaco dell'ospedale.

Si volta e rientra nella stazione. E ricomincia. Per tutto il giorno, passa. Passa e piange. Nel pomeriggio, si ricorda di avere uno stomaco. Di tutti gli organi, lo ha imparato nell'oscurità della prigione, è l'ultimo che cessi di funzionare. Non mangia da due giorni. Ha venti euro nella tasca della giacca. Una banconota azzurra, liscia e nuova, che ha visto ieri per la prima volta. Ma non sa quanto valgono venti euro, e non è certa neppure che valgano qualcosa. Lungo i binari, a intervalli di venti passi, penzolano flosci dei sacchi di plastica, destinati ad accogliere i rifiuti. Hanno colori diversi – verde, bianco, giallo, blu – e sul cerchio di metallo dell'imboccatura una scritta semicancellata dalle bruciature di sigaretta spiega in italiano e in inglese quale materiale deve essere deposto in ciascuno: misto, carta, plastica, alluminio. Ma lei non conosce né l'una né l'altra lingua, e le scritte non possono aiutarla. In realtà, anche chi sa leggere vi getta dentro di tutto, alla rinfusa – per sbadataggine, indifferenza o inciviltà. Lei passa e ripassa davanti ai sacchi. Non li hanno ancora svuotati. Alcuni traboccano. Al terzo o quarto passaggio, capisce che quello che sta cercando è dentro i sacchi verdi.

Infila la mano dentro il primo sacco verde intorno al quale non indugia nessuno. Rimesta, rovista, riesuma un foglio di carta imbrattato di sugo, un cartone che ha contenuto una pizza: ma è vuoto. Passa oltre. Uno dopo l'altro, li fruga tutti. Agguanta il resto di un tramezzino. Morde là dove una bocca ignota ha lasciato l'impronta dei suoi denti. Ingoia un boccone di pane in cassetta ammorbidito dalla maionese e inumidito dalla saliva di un estraneo. Prova disgusto. Si

costringe a deglutire. Pesca due patatine fritte spolverate di sale in un cartoccio rosso di McDonald's. Trova un involucro di carta oleosa, sul quale sono rimaste appiccicate alcune foglie di insalata. Bon Dieu, bon Dieu, bon Dieu - balbetta. È il primo pensiero cosciente che si sia formato nella sua mente da ore, forse da giorni. Le bon Dieu ne permettra pas que je prenne une infection. Bon Dieu, mon père, aide-moi.
Pranza e cena con gli scarti dei viaggiatori. Impara a capire quale passante sta sgranocchiando senza appetito e getterà metà del suo panino. Quanto tempo ha per raccoglierlo da terra prima che un altro - ancora più affamato o solo più abile di lei - glielo porti via. A che ora, subito prima della chiusura di mezzanotte, il ristorante e la panineria buttano via gli avanzi di cucina. L'umiliazione avvelena il sapore degli avanzi, è come mangiare escrementi. Un pensiero che riaccende la fitta di dolore al basso ventre. Deve ignorarlo, deve dimenticarlo. Bon Dieu, ripete a se stessa, bon dieu, bon dieu ne m'abandonne pas. Alza il tono, per rendere più efficace la preghiera. Il suono della sua voce la rassicura. Perciò continua, come una litania. Parla da sola, la gente la fissa per un istante, poi distoglie lo sguardo. Mentre implora Dio e mastica, piange. Non riesce a fermarsi. La domenica la stazione brulica come un formicaio. Chi torna, chi riparte, chi si incontra. La stazione è una città, un centro commerciale - per molti è anche un salotto. Un cesso, una camera da letto, una cucina. Passano diecimila persone. Nessuno la vede.

(836 parole)



---

Annotazioni

51 **Le bon Dieu... aide-moi.** *Traduzione dal francese all'italiano:* Il buon Dio non permetterà che mi prenda un'infezione. Buon Dio, padre mio, aiutami.

60 **Bon Dieu... ne m'abandonne pas** *Traduzione dal francese all'italiano:* Buon Dio, (...) buon Dio, buon Dio, non mi abbandonare.

## Comprensione del testo (10 p.)

**Istruzioni per la compilazione:**
- Segna la soluzione corretta.
- Indica le righe corrispondenti alla citazione e scrivi le prime e le ultime tre parole della citazione stessa.
- Se la citazione sarà di meno di sei parole, scrivi l'intera citazione.

### 1. Segna con una crocetta la risposta giusta. 1 p.

Quando Brigitte si alza il 27 gennaio

- ☐ non si riconosce più.
- ☐ prova un dolore forte alla pancia.
- ☐ vede un'altra donna che si muove verso la stazione Termini.
- ☐ si rende conto di non conoscere nessuno tra tutti i presenti alla stazione.

riga / righe: ____________________

citazione: ____________________________________________

____________________________________________

### 2. Completa la frase citando il testo. 1 p.

Di solito Brigitte considera importante lavarsi perché

____________________________________________

____________________________________________

### 3. Vero o falso – Segna con una crocetta la risposta giusta. 4 p.

| | vero | falso |
|---|---|---|
| a) La donna va alla fontanella e si pulisce la faccia. | ☐ | ☐ |

riga / righe: ____________________

citazione: ____________________________________________

____________________________________________

| | vero | falso |
|---|---|---|
| b) Quel giorno del 27 gennaio Brigitte non si sposta dalla stazione Termini. | ☐ | ☐ |

riga / righe: ____________________

citazione: ____________________________________________

____________________________________________

| | vero | falso |
|---|---|---|
| c) Prima di arrivare a Roma, Brigitte è stata anche in carcere. | ☐ | ☐ |

riga / righe: ____________________

citazione: ____________________________________________

____________________________________________

| | vero | falso |
|---|---|---|
| d) Visto che le indicazioni sono scritte anche in inglese, Brigitte è in grado di capire in quale sacco della spazzatura potrà trovare qualcosa da mangiare. | ☐ | ☐ |

riga / righe: ____________________

citazione: ______________________________________________________

______________________________________________________________

**4. Perché Brigitte fa fatica a deglutire il cibo che trova alla stazione Termini? Scrivi tre motivi menzionati nel testo.** **3 p.**

a) ______________________________________________________________

b) ______________________________________________________________

c) ______________________________________________________________

**5. Segna con una crocetta l'unica riposta sbagliata.** **1 p.**

Per consolarsi e sentirsi viva in questa situazione inumana Brigitte

- ☐ ascolta la propria voce.
- ☐ prega Dio di proteggerla.
- ☐ piange e mastica in continuazione.
- ☐ accetta l'aiuto offertole dai passanti.

riga / righe: ____________________

citazione: ______________________________________________________

______________________________________________________________

## 3 Storia

**Liliana Segre – *Scolpitelo nel vostro cuore. Dal Binario 21 ad Auschwitz e ritorno: un viaggio nella memoria***

Nell'estate del 1938, una sera come tante, eravamo a tavola per la cena, io, mio papà e i miei nonni Olga e Giuseppe - mia madre era morta quando io avevo pochi mesi. Ero allegra e gioiosa, ero quasi sempre così in quegli anni. Però avvertivo qualcosa di diverso quella sera, a tavola. A un tratto papà cominciò a parlarmi, era emozionato, sapeva che mi avrebbe fatto soffrire e non avrebbe mai voluto dirmi una cosa così brutta. Cercò di spiegarmi con delicatezza che la terza elementare non l'avrei più potuta fare in via Ruffini. Ero stata espulsa dalla scuola.
ESPULSA! Era una cosa grave, lo è ancora oggi. Per essere espulsi si deve aver fatto qualcosa di tremendo.
Infatti, mi ricordo che chiesi subito: «Perché? Cosa ho fatto di male?».
C'era questo senso di colpa che cominciai improvvisamente a provare dentro di me, senza capire per cosa. Solo poi, negli anni, compresi che la mia colpa era stata quella di essere nata.
Ma quella sera c'era questa domanda che mi martellava in testa: «Perché? Perché? Perché?». Una domanda che mi agita ancora. Non riesco neppure oggi a rispondere a quel perché. Non ci potrà mai essere una risposta sensata, perché quello che accadde da quel momento in poi è assurdo.
Mi sono ritrovata più di una volta nella mia vita a chiedermi con angoscia, con stupore: «Perché?». Senza mai aver avuto risposta.

Quel giorno papà cercò di dare una spiegazione al mio perché. Ma era molto difficile per lui, poveretto, dirmi che avevamo perso - a causa di leggi razziali fasciste vergognose - i diritti civili. E, tra queste leggi, c'era il divieto assoluto per gli ebrei di frequentare le scuole pubbliche, sia come alunni di tutti gli ordini di scuola, sia come maestri, professori e docenti. Papà mi disse che le leggi valevano per tutti gli ebrei: anche gli ufficiali venivano cacciati dall'esercito, così come gli impiegati e i dirigenti dai ministeri. Avevano mandato via tutti gli ebrei da qualunque luogo pubblico.
Non eravamo più cittadini.
Ma io allora ero solo una bambina. A me tutto il resto non importava, non potevo sapere cosa significasse per tutti. Restai sbalordita e confusa, quella sera di settembre, a sentire che non avrei più potuto fare la terza elementare nella mia scuola.

Cambiai scuola e cominciai a frequentarne una privata, che mi accettò. Ma era vicina a via Ruffini, per andarci passavo tutti i giorni nella strada della mia vecchia scuola. Vedevo le mie compagne e loro iniziarono a segnarmi col dito. Questa è una cosa che io racconto sempre ai ragazzi perché loro possono capire. È importante a quell'età sentirsi uguali, quando stai insieme ai tuoi compagni. Io, invece, a otto anni cominciai a capire che le altre bambine mi consideravano diversa. Quando passavo con papà, mi segnavano col dito, le sentivo dire: «Quella lì è la Segre. Non può più venire a scuola perché è ebrea!». E io sono sicura che quelle bambine - come del resto io - non sapessero assolutamente che cosa volesse dire essere ebrea. Io, poi, ho avuto tanto tempo per capirlo.

Perfino i testi, adottati nelle scuole da professori ebrei, vennero cancellati dai piani di studio. Furono tolti i libri scritti da ebrei dalle biblioteche comunali, accadevano cose assurde. Per le famiglie di religione ebraica iniziò quel periodo in cui in ogni luogo ci si sentiva diversi: nei negozi, in strada, dal medico, negli uffici. Non eravamo più italiani? Patrioti? Cittadini? Per esempio, mio padre e mio zio erano stati ufficiali nella Prima Guerra Mondiale e si sentivano profondamente italiani, amavano la loro patria. Eppure, venne restituita loro la tessera di ufficiali in congedo. Mi ricordo che la trovai anni fa, tra le vecchie carte di papà. *Alberto Segre, di razza ebraica, viene cancellato.* Anche dalle file degli ufficiali in congedo! Dopo che erano stati in trincea, dopo che avevano combattuto per la loro Italia.

E cominciai, così, a vivere una vita strana, una vita su due piani: casa e scuola. Ero come dissociata.
Nella nuova scuola iniziai a essere invisibile, quasi in modo inconscio. Non parlavo mai con nessuno di quello che succedeva a casa mia, perché la mia casa - che era stata una casa serena, di persone modeste, perbene - in quel periodo fu spesso perquisita. Arrivavano i poliziotti che entravano con aria truce, cattiva. Ci dovevano trattare da nemici della patria, come improvvisamente eravamo diventati. E allora, entravano e perquisivano l'appartamento, venivano a fare degli interrogatori assurdi. Ricordo mia nonna che riceveva questi poliziotti, voleva essere gentile, gli offriva la torta. Ma quelli rifiutavano in malo modo. Io all'inizio stavo fuori dalla porta a sentire, ma poi a un certo punto ho cominciato ad avere paura di quello che avrei potuto sentire e vedere. Mi arrivava il disprezzo delle risposte date ai miei nonni, mi sentivo male a sentire certe cose, e me ne andavo in camera. Diventavo grande, mi chiudevo in me stessa, e mi sentivo sola: avevo nove, poi dieci anni.

(833 parole)

Liliana Segre, *Scolpitelo nel vostro cuore. Dal Binario 21 ad Auschwitz e ritorno: un viaggio nella memoria,* © Edizioni Piemme, Segrate, 2018

## Comprensione del testo (10 p.)

**Istruzioni per la compilazione:**
- Segna la soluzione corretta.
- Indica le righe corrispondenti alla citazione e scrivi le prime e le ultime tre parole della citazione stessa.
- Se la citazione sarà di meno di sei parole, scrivi l'intera citazione.

**1. Comprensione globale: metti in ordine cronologico le seguenti frasi usando le lettere da A a D.** **1 p.**

____________ La bambina frequenta una scuola privata.

____________ Il padre informa la figlia dell'espulsione dalla scuola.

____________ La madre della scrittrice muore.

____________ La ragazzina non comunica con i coetanei e preferisce isolarsi.

## 2. Vero o falso – Segna con una crocetta la risposta giusta. 3 p.

| | vero | falso |
|---|---|---|
| a) Quando la ragazzina capisce di non poter più andare a scuola si chiede se ha fatto qualcosa di male. | ☐ | ☐ |

riga / righe: ____________________

citazione: ______________________________________________________

______________________________________________________

| | vero | falso |
|---|---|---|
| b) Il padre spiega alla figlia che a causa delle leggi razziali tutti gli ebrei devono lasciare l'Italia. | ☐ | ☐ |

riga / righe: ____________________

citazione: ______________________________________________________

______________________________________________________

| | vero | falso |
|---|---|---|
| c) Dopo tante ricerche trovano una nuova scuola per la figlia. La nuova scuola è lontana da quella frequentata prima. | ☐ | ☐ |

riga / righe: ____________________

citazione: ______________________________________________________

______________________________________________________

## 3. Segna con una crocetta la risposta giusta. 4 p.

a) Dopo l'emanazione delle leggi razziali, la ragazzina comincia a capire che gli altri bambini

- ☐ non la guardano più.
- ☐ hanno un po' paura di lei.
- ☐ hanno cominciato ad odiarla.
- ☐ credono che lei non sia una di loro.

riga / righe: ____________________

citazione: ______________________________________________________

______________________________________________________

b) A causa delle leggi razziali

- ☐ tutti gli ebrei non dovevano farsi vedere in pubblico.
- ☐ nelle scuole non venivano più usati i libri scritti da autori ebrei.
- ☐ i nomi di famiglie di razza ebraica venivano cancellati dai citofoni delle case.
- ☐ gli ufficiali ebrei dovevano restituire la tessera di ex soldati dell'esercito italiano.

riga / righe: ____________________

citazione: ______________________________________________________

______________________________________________________

c) Nella nuova scuola la ragazzina ebrea

- [ ] fa finta di essere cattolica.
- [ ] non racconta di quello che accade a casa.
- [ ] non segue tutte le lezioni perché spesso si sente come dissociata.
- [ ] sta sempre con gli altri bambini considerati "nemici della patria" come lei.

riga / righe: ____________________

citazione: ____________________________________________________________

____________________________________________________________

d) La scrittrice si ricorda di quando casa sua veniva perquisita:

- [ ] la nonna cercava di trattare gentilmente i poliziotti.
- [ ] i poliziotti non rivolgevano neanche una parola alla famiglia ebrea.
- [ ] lei stessa usciva in strada per non dover sentire gli insulti rivolti ai nonni.
- [ ] le forze dell'ordine si mangiavano perfino la torta che la nonna offriva loro.

riga / righe: ____________________

citazione: ____________________________________________________________

____________________________________________________________

**4. Completa le frasi citando il testo.** **2 p.**

a) Ancora oggi la scrittrice non sa dare una risposta soddisfacente alla domanda per quale motivo si sono state le leggi razziali, visto che

____________________________________________________________

____________________________________________________________

b) Secondo la scrittrice all'età di 9 – 10 anni è essenziale

____________________________________________________________

____________________________________________________________

## 4 Roma / Storia / Donne

**Marco Lodoli – *Nuove isole. Guida vagabonda di Roma***

Passeggiando sul Gianicolo con tutta la città negli occhi, ci ritroviamo a osservare i busti degli eroi della Repubblica Romana del 1849: sono per lo più facce austere di ragazzi che sembrano uomini, quelle dei tanti che si sacrificarono nel lungo assedio, quando Roma si trasformò in una sorta di Fort Alamo e resistette fino all'impossibile alle truppe francesi chiamate da Pio IX.
Erano tutti qui gli spiriti liberi del Risorgimento, Garibaldi e Mazzini, Pisacane e Mameli, Saffi e Armellini. Molti morirono in quei giorni e forse meriterebbero un grande sceneggiato popolare, tre o quattro puntate televisive che rinfreschino la memoria a tutti gli italiani: strano che nessuno ci abbia ancora pensato, credo sarebbe un racconto appassionante.
Ma tra tanti busti di uomini c'è anche quello di una donna, Colomba Antonietti, che a vent'anni combatté a fianco del marito Luigi Porzi e degli altri garibaldini, prima a Velletri, vittoriosamente, e poi nell'ultimo scontro qui sul Gianicolo, dove perdette la vita. È la prima sul viale che porta verso il Fontanone, è giovane e bella come tutti gli eroi. A mia figlia ho dato per secondo nome proprio Colomba, per ricordare una donna che ha tanto amato Roma e la libertà.

Il Garibaldone a cavallo che domina il piazzale del Gianicolo e mezza Roma è un'opera austera e imponente, che forse non rappresenta in pieno la vitalità irrefrenabile dell'Eroe dei due mondi, il suo nomadismo rivoluzionario, la sua anima ribelle alle ingiustizie. È una statua maestosa ma troppo ufficiale, mentre il nostro immenso Giuseppe era irrequieto, volatile, mercuriale.
Molto più bello, a mio avviso, è il monumento equestre dedicato ad Anita che si trova poco più in là, dopo il teatrino delle marionette. La moglie di Garibaldi era brasiliana e si chiamava Ana Maria De Jesus Ribeiro: era giovane, bella e sposata, ma appena vide il nostro eroe decise di legarsi a lui per sempre. Combatterono insieme contro le truppe imperiali in Brasile, ottennero vittorie e subirono sconfitte, e un giorno lei si trovò circondata dai nemici mentre stava da sola con il piccolo Menotti in una fattoria isolata.

La statua ricorda questo momento: lei, seduta a cavallo come un'amazzone, il bambino stretto in braccio e la pistola in pugno, attraversa le schiere dei nemici e si salva in un bosco dove resterà per quattro giorni mangiando solo erbe e bacche, prima di ritrovare il marito. Sembra di sentire gli spari, le urla, il nitrito del cavallo rampante, il pianto di Menotti, si percepisce tutta l'energia di quella donna, il suo desiderio di libertà. Il bronzo è scattante, nervoso, animato dall'audacia e dalla disperazione. È un'opera del 1932 di Mario Rutelli, e stranamente è poco conosciuta.

Anita morì il 4 agosto del 1849, a Mandriole, vicino a Ravenna: insieme a Garibaldi e pochi fedeli fuggiva dai francesi e dagli austriaci, dopo la grande e tragica avventura della Repubblica Romana. Non aveva ancora ventotto anni ed era al nono mese di gravidanza. Le sue ceneri furono trasportate a Nizza, poi tornarono a Roma, e oggi sono qui, sepolte proprio sotto gli zoccoli del cavallo, sotto la sua figura da Calamity Jane, da eroina bella e sfortunata, sotto questa statua che sembra fatta di vento e coraggio.

(534 parole)

Marco Lodoli, *Nuove isole. Guida vagabonda di Roma,* © Einaudi, Torino, 2014

Annotazioni

1 **il Gianicolo** uno dei colli di Roma dal quale si gode di un panorama splendido. È situato vicino al Vaticano.
2 **la Repubblica Romana del 1849** Il 1849 fu un anno cruciale del Risorgimento: a Roma fu proclamata la Repubblica. Sul Gianicolo si svolsero gli scontri tra repubblicani (guidati da Garibaldi) e l'esercito francese (chiamato in aiuto dal Papa).
19 **il Fontanone** la grande fontana dell'Acqua Paola che si trova sul Gianicolo.
26 **l'Eroe dei due mondi** soprannome dato a Garibaldi per le sue imprese militari compiute sia in Europa che in America latina.
35 **il piccolo Menotti** Domenico Menotti, figlio primogenito di Anita e Giuseppe Garibaldi.

## Comprensione del testo (10 p.)

**Istruzioni per la compilazione:**

- Segna la soluzione corretta.
- Indica le righe corrispondenti alla citazione e scrivi le prime e le ultime tre parole della citazione stessa.
- Se la citazione sarà di meno di sei parole, scrivi l'intera citazione.

### 1. Vero o falso – Segna con una crocetta la risposta giusta. 2 p.

| | vero | falso |
|---|---|---|
| a) Negli ultimi tempi la TV italiana ha dedicato alcune puntate agli eroi del Risorgimento. | ☐ | ☐ |

riga / righe: ____________________

citazione: ____________________________________________________

____________________________________________________

| | vero | falso |
|---|---|---|
| b) Colomba Antonietti morì sul Gianicolo dove aveva combattuto per la Repubblica Romana. | ☐ | ☐ |

riga / righe: ____________________

citazione: ____________________________________________________

____________________________________________________

## 2. Completa le frasi. 2 p.

a) Per non dimenticare l'eroismo di Colomba Antonietti lo scrittore Marco Lodoli

______________________________________________

______________________________________________

b) Allo scrittore non piace tanto la statua di Garibaldi posta sul Gianicolo perché

______________________________________________

______________________________________________

## 3. Segna con una crocetta la risposta giusta. 2 p.

Anita Garibaldi

- ☐ era un'italiana nata in America latina.
- ☐ era già sposata quando incontrò Garibaldi.
- ☐ era una donna che lavorava in una fattoria isolata.
- ☐ era stata lasciata sola da Garibaldi dopo la nascita di Menotti.

riga / righe: ______________________________________________

citazione: ______________________________________________

______________________________________________

La statua di Anita ricorda il momento in cui

- ☐ la giovane madre sta fuggendo davanti al nemico.
- ☐ la donna usa le armi per difendersi contro i suoi nemici.
- ☐ la moglie di Giuseppe Garibaldi sta allattando il loro bambino.
- ☐ la giovane donna si nutre solo di erbe e bacche dopo essere fuggita in un bosco.

riga / righe: ____________

citazione: ______________________________________________

______________________________________________

## 4. Rispondi alla domanda. 3 p.

Che cosa si può immaginare mentre si sta contemplando la statua di Anita Garibaldi? Elenca tre risposte contenute nel testo.

a) ______________________________________________

b) ______________________________________________

c) ______________________________________________

## 5. Completa la frase. 1 p.

Parlando del Gianicolo e degli eroi della Repubblica Romana del 1849 lo scrittore menziona il busto di Colomba Antonietti e la statua di Anita Garibaldi per far capire al lettore che

______________________________________________

______________________________________________

**Gianrico Carofiglio – *Le tre del mattino***

*L'io narrante è un ragazzo che soffre di epilessia. Dopo una crisi abbastanza forte viene ricoverato in clinica. Tornato a casa spera di poter continuare la sua vita di prima.*

Com'era facile prevedere, non andò tutto bene.
Venni esentato da educazione fisica, e questo non contribuì alla mia risocializzazione. Non so se i miei compagni si bevvero la storia della caduta in casa o se qualcuno invece immaginò che avevo un *problema di salute* meno banale dei postumi di una contusione. Certo è che mi sentivo osservato.
È possible che fosse la paranoia tipica di chi si trova in quel genere di situazioni, ma mi sembrava che gli altri ragazzi, i professori e persino i bidelli mi trattassero con una cautela deliberata, eccessiva, urtante. Quando passavo vicino a un gruppetto di compagni di classe, avevo l'impressione che d'un tratto tutti smettessero di parlare, scambiandosi occhiate di compatimento e di intesa.
In breve cominciai a sentirmi un reietto, oltre che un invalido. La mattina, spinto da mamma, mi trascinavo a scuola, ma per il resto non uscivo più. Non potevo giocare a pallone e non avevo voglia di dare spiegazioni o dire bugie ai miei amici. Così trascorrevo i pomeriggi da solo, buttato sul divano a guardare la tv senza davvero seguire i programmi, abboffandomi di qualsiasi cosa trovassi nel frigo o nella dispensa e abbandonandomi sempre più spesso a cupe elucubrazioni su un mondo dominato da predestinazione, malattia e morte.
Mi ero appassionato alla lettura molto presto, in terza elementare. Era il mio passatempo preferito e da questo punto di vista vivevo in una condizione privilegiata perché casa nostra era piena di volumi di ogni genere, incluse varie enciclopedie e tutte le opere di Salgari, Dumas, Conan Doyle, oltre a una ricca collezione di Maigret.
Dopo la crisi e il ricovero, smisi. Al massimo sfogliavo distratto qualche vecchio albo a fumetti, stravaccato sullo stesso divano su cui vedevo la televisione, ma dei libri non avevo più nessuna voglia; se appena ci pensavo, non capivo come potessero essermi piaciuti in precedenza. Era come se non ne avessi mai aperto uno in vita mia.
È difficile dire se quell'apatia dipendesse dai farmaci o dalla mia immedesimazione nella parte del malato. Con ogni probabilità da entrambe le cose, ma certo è che più passava il tempo, più la situazione peggiorava.
I miei genitori non potevano non accorgersene.
Un giorno di febbraio mio padre venne a casa. Lui e la mamma si salutarono con la solita cortesia che mi irritava moltissimo. In particolare mi chiedevo per quale motivo mamma, che a quanto mi risultava era stata lasciata, non nutrisse e non manifestasse del sano risentimento.
– Lunedì prossimo andiamo a Marsiglia, – disse papà senza alcun preambolo.
Mia madre ascoltava in silenzio, evidentemente già informata della cosa.
– Dove? – chiesi io.
– A Marsiglia, in Francia.
– E cosa ci andiamo a fare?
Lui e la mamma si erano resi conto che non tutto funzionava nella terapia che stavo seguendo. Avevano qualche dubbio sul numero e sul dosaggio dei farmaci, sulla stravaganza di alcune regole di comportamento. Si erano resi conto che

nel complesso sembravo in difficoltà - brillante intuizione, fui sul punto di esclamare, con quello che rimaneva della mia aggressività adolescenziale - e che, insomma, era necessario sentire l'opinione di un altro medico e verificare se la cura era corretta o se occorreva modificarla.

Dunque avevano cominciato a informarsi su chi fossero i migliori specialisti di quel disturbo - non credo che i miei genitori abbiano mai pronunciato in mia presenza la parola «epilessia» - in Italia e anche all'estero. L'indagine aveva portato ad accertare che in assoluto il maggiore esperto di quel disturbo, nei bambini e nei ragazzi, era un certo professor Henri Gastaut di Marsiglia.

La lista d'attesa per essere visitati da questo luminare era lunghissima, mio padre però aveva telefonato alla sua segreteria per chiedere se c'era modo di anticipare ed era venuto fuori che era possibile avere un appuntamento di lì a quattro giorni perché un altro paziente aveva disdetto. Potevamo farcela con così poco preavviso? Potevamo farcela, aveva risposto mio padre. Poi aveva subito organizzato il viaggio - biglietti, valuta, prenotazione dell'albergo - e adesso era lì per comunicarmi che saremmo partiti per la Francia, tutti e tre insieme.

Ebbi l'impulso di rispondere che non ci volevo andare, a Marsiglia; avevo letto, o sentito alla televisione, che era un posto pericoloso. Era puro spirito di contraddizione. Mi infastidiva essere messo di fronte al fatto compiuto; o forse l'idea di un viaggio con i miei genitori separati da anni mi trasmetteva una malinconia inconfessabile.

Invece mi limitai a sbuffare in segno di protesta e quattro giorni dopo eravamo a Marsiglia.

La città mi apparve inospitale, grigia per via della stagione e della pioggia che non smise mai di cadere. C'era il mare da qualche parte, ma non ricordo di averlo visto. In realtà in quei giorni non vidi nulla, se non l'albergo, l'ospedale, di nuovo l'albergo.

L'Hôtel de Provence aveva la moquette nelle camere e un odore vagamente metallico, come di ghisa. Non ricordo altro del posto a parte il fatto che mia madre aveva una stanza singola e che invece io e mio padre dividevamo una doppia. Si comportavano fra loro come due conoscenti, cortesi e distaccati.

La situazione era imbarazzante e triste, e io pensavo che avrei voluto essere adulto, sano, solo e lontano.

(855 parole)

Gianrico Carofiglio, *Le tre del mattino,* © Einaudi, Torino, 2017

## Comprensione del testo (10 p.)

**Istruzioni per la compilazione:**

- Segna la soluzione corretta.
- Indica le righe corrispondenti alla citazione e scrivi le prime e le ultime tre parole della citazione stessa.
- Se la citazione sarà di meno di sei parole, scrivi l'intera citazione.

**1. Comprensione globale – Metti in ordine cronologico le seguenti frasi usando le lettere da A a D.** 1 p.

_______________ L'io narrante non si sente a suo agio tra i compagni.

_______________ Il ragazzo viene portato da un medico in Francia.

_______________ I genitori si accorgono delle difficoltà del figlio.

_______________ Il ragazzo viene dimesso dalla clinica.

**2. Completa le frasi.** 3 p.

Per spiegare la lunga assenza del figlio, i genitori raccontano ai responsabili della scuola

_______________________________________________

_______________________________________________

_______________________________________________

Dopo poco tempo, l'io narrante non si sente più a suo agio a scuola perché

_______________________________________________

_______________________________________________

_______________________________________________

Durante i pomeriggi, il ragazzo non ha più voglia di vedere gli amici perché

_______________________________________________

_______________________________________________

_______________________________________________

**3. Vero o falso – Segna con una crocetta la risposta giusta.** **3 p.**

| | vero | falso |
|---|---|---|
| a) L'io narrante cade in una specie di depressione. | ☐ | ☐ |

riga / righe: ____________

citazione: ________________________________

________________________________

| | vero | falso |
|---|---|---|
| b) L'io narrante si è sempre sentito privilegiato visto che vive in una casa molto spaziosa. | ☐ | ☐ |

riga / righe: ____________

citazione: ________________________________

________________________________

| | vero | falso |
|---|---|---|
| c) La lettura è l'unico passatempo che gli rimane. | ☐ | ☐ |

riga / righe: ____________

citazione: ________________________________

________________________________

**4. Segna con una crocetta l'unica risposta sbagliata.** **1 p.**

I genitori vogliono portare il figlio a Marsiglia perché

- ☐ hanno capito che non sta bene.
- ☐ non condividono il suo comportamento.
- ☐ hanno sentito parlare di un medico esperto di epilessia.
- ☐ non sono soddisfatti della cura prescritta dal medico italiano.

**5. Come mai l'io narrante non vuole partire per Marsiglia insieme ai suoi genitori? Scrivi due motivi menzionati nel testo.** **2 p.**

a) ________________________________

________________________________

b) ________________________________

________________________________

SAN REMO NEWS | 4.1.2019

# Dal ponte Morandi al confine di Ventimiglia, il cammino di Repubblica Nomade tocca la Liguria. Con loro l'imperiese Noel Gazzano

"**Il crollo e l'unione**". Si chiama così il cammino da Genova, punto di partenza il ponte Morandi, a Ventimiglia, proposto da Repubblica Nomade, un collettivo che organizza cammini in tutto il mondo nel nome della bellezza dei luoghi e dell'impegno sociale.

**Questa la presentazione del cammino sul sito di Repubblica Nomade**: *"Un Capodanno diverso che porterà i nostri passi in Liguria, dove partiremo da un ponte crollato verso una frontiera chiusa, scelti entrambi come simboli di ciò che non sta funzionando nel nostro Paese e in questa Europa sempre più in crisi, che sempre più divide e separa anziché unire in un comune sentire in cui parole quali fratellanza, accoglienza, convivenza pacifica, integrazione sono sempre più messe a rischio da slogan promotori di rabbia, odio e paura. Abbiamo scelto come punto simbolico di partenza il ponte Morandi e come punto di arrivo Ventimiglia: ancora una volta per testimoniare con i nostri passi che non è questo il mondo in cui vogliamo vivere. L'idea è di unire simbolicamente coi nostri passi questi due luoghi che testimoniano gli errori e la miopia dei nostri governanti, sempre meno attenti alla situazione reale del Paese e delle persone. Lo faremo anche grazie al contatto con associazioni che si occupano dell'accoglienza dei migranti. Partiremo da Genova il 28 dicembre per arrivare al confine e a Ventimiglia per il 5 gennaio".*

*"Il nostro percorso è cominciato alcuni anni fa,* – si legge sul sito di Repubblica Nomade – *quando un gruppo di donne e uomini che non si conoscevano prima tra di loro hanno voluto sottrarsi al clima di ripiegamento esistenziale e di frustrazione, dominato dal lamento incattivito e inerte sull'esistente, e hanno attraversato l'Italia e l'Europa con una serie di cammini, eleggendo lo spostamento, l'invenzione, l'avventura e la traslocazione a linguaggio e messaggio irradiante".*

Con questo spirito si è unita al viaggio **Noel Gazzano**, artista e antropologa culturale imperiese che ha partecipato al cammino della giornata di ieri da Imperia a Bussana.

*"Il ponte come partenza e il confine come luogo d'arrivo,* – spiega Noel – *Due elementi che dovrebbero unire, ma che diventano elementi di rottura. Il ponte Morandi crollato lo scorso 14 agosto e il confine di Ventimiglia, un tempo spazio per la libera circolazione, oggi è diventato una barriera, non per le merci e i soldi, ma per le persone che vogliono attraversarlo per salvarsi la vita".*

Una contraddizione messa in luce da Repubblica Nomade sulla quale Noel invita a focalizzare l'attenzione. *"E' un tema particolarmente caro per me che realizzo opere d'arte fondate nella ricerca sociale per promuovere la trasformazione culturale, cercare di cambiare la realtà, in particolare per quel che riguarda la violazione dei di-*

*ritti umani che abitano in terre particolarmente inquinate".* Due anni fa Noel fu protagonista di un cammino a piedi da Brindisi a Taranto, spingendo una barella. La contraddizione denunciata era il contrasto tra lo splendido territorio pugliese e lo scempio dei rifiuti interrati.

**Noel ha preso parte alla tappa imperiese con orgoglio**: *"Sono nata a Imperia e come essere umano sono onorata di aver potuto partecipare"*. Dopo la partenza da Borgo Foce *"dove si respira la sensazione di un borgo autentico, senza la finzione dei luoghi turistici"*, il cammino è proseguito lungo la pista ciclabile di San Lorenzo al Mare, fino ad arrivare a Bussana Vecchia, paese degli artisti distrutto dal terremoto del 1887. *"E' il simbolo di come l'uomo possa trasformare la distruzione della natura con amore. Il cammino è stato segnato da momenti di grande bellezza. Ricordiamoci che siamo capaci di meraviglie, evviva la bellezza degli esseri umani"*, conclude Noel.

(601 parole)



Annotazioni

1 **Ventimiglia** città italiana al confine con la Francia

6 **Ponte Morandi** ponte autostradale di Genova crollato il 14 agosto 2018

## Comprensione del testo (10 p.)

**Istruzioni per la compilazione:**

- Segna la soluzione corretta.
- Indica le righe corrispondenti alla citazione e scrivi le prime e le ultime tre parole della citazione stessa.
- Se la citazione sarà di meno di sei parole, scrivi l'intera citazione.

### 1. Segna con una crocetta la risposta giusta. 1 p.

Repubblica Nomade è

- ☐ uno Stato indipendente fondato da persone senzatetto.
- ☐ un gruppo di persone che propone viaggi collettivi a piedi.
- ☐ un collettivo che si rifiuta di usare sia la macchina che i mezzi pubblici.
- ☐ un'associazione che organizza manifestazioni a piedi a Genova e a Ventimiglia.

riga / righe: ____________

citazione: ______________________________

______________________________

### 2. Completa la frase. 1 p.

L'ultimo percorso organizzato da Repubblica Nomade inizia a ______________________________

e finisce a ______________________________

### 3. Vero o falso – Segna con una crocetta la risposta giusta. 5 p.

| | vero | falso |
|---|---|---|
| a) Il primo progetto di Repubblica Nomade è stato realizzato anni fa da un gruppo di amici. | ☐ | ☐ |

riga / righe: ____________

citazione: ______________________________

______________________________

| | vero | falso |
|---|---|---|
| b) Questa volta anche un'artista nata ad Imperia si è unita al gruppo per andare fino alla sua città natale. | ☐ | ☐ |

riga / righe: ____________

citazione: ______________________________

______________________________

| | vero | falso |
|---|---|---|
| c) Secondo Noel Gazzano la frontiera tra Italia e Francia è diventata oggi una barriera sia per le persone sia per le merci. | ☐ | ☐ |

riga / righe: ____________

citazione: ______________________________

______________________________

| | vero | falso |
|---|---|---|
| d) Con le sue opere d'arte Noel Gazzano vuole combattere le ingiustizie sociali che esistono nel nostro mondo. | ☐ | ☐ |

riga / righe: ____________________

citazione: ____________________________________________________

____________________________________________________

| | | |
|---|---|---|
| e) Tempo fa l'artista ha organizzato anche una marcia a piedi nel Sud Italia per sensibilizzare la gente sul tema dei rifiuti. | ☐ | ☐ |

riga / righe: ____________________

citazione: ____________________________________________________

____________________________________________________

**4. Spiega il motivo per cui sono state scelte Genova e Ventimiglia come punti di partenza e di arrivo.** **2 p.**

____________________________________________________

____________________________________________________

____________________________________________________

____________________________________________________

____________________________________________________

____________________________________________________

____________________________________________________

**5. Completa la frase.** **1 p.**

Durante i percorsi organizzati da Repubblica Nomade, i partecipanti rivolgono la loro attenzione all'impegno sociale, ma si accorgono anche

____________________________________________________

____________________________________________________

____________________________________________________

____________________________________________________

____________________________________________________

REPUBBLICA | 23.11.2018

# I ragazzi volontari nel mondo come Silvia Romano: "Non siamo irresponsabili"

*Si sono lasciati famiglie e amici alle spalle per un sogno speciale: dedicare le proprie competenze all'assistenza di chi soffre. Anche a costo di affrontare situazioni pericolose. Ecco i loro racconti*

Il rapimento della giovane volontaria italiana Silvia Romano in Kenya accende i riflettori sui tanti ragazzi e ragazze che decidono di dedicarsi all'assistenza dei bisognosi in tante parti del mondo e sulle motivazioni che li spingono a queste scelte. Ecco alcune delle loro testimonianze.

**Federica, infermiera in Sierra Leone: "Li aiuto a casa loro, ma lo faccio davvero"**

Sa che "i pericoli in Africa sono ovunque e che bisogna stare all'occhio, andare accompagnati e comunicare ogni spostamento". Ma non si è mai pentita della scelta di partire da Trento per Free Town, capitale della Sierra Leone. Federica Sartori, 26 anni, è infermiera nell'ospedale costruito da Emergency in uno dei Paesi più poveri al mondo, flagellato da Ebola e da una criminalità violenta. Ma lei pensa solo al futuro e al prossimo, mentre lavora in un ospedale che ha cento posti letto, tre sale operatorie e oltre 120 sanitari, cento dei quali africani.

Con tutto l'entusiasmo della sua giovane età, Federica racconta perché cinque mesi fa si è candidata per andare in Africa e perché ha chiesto di potersi fermare lì altri sei: "È un'esperienza bella, ricca, formativa, stimolante. Dal punto di vista umano sono felice e realizzata: finalmente posso fare qualcosa di concreto in un posto dove il diritto alla salute e l'accesso alle cure mediche non sono garantite". Come succede a quell'età, Federica sta confrontando i suoi ideali con la dura realtà della vita: "Dicono sempre "aiutiamoli a casa loro" e io avevo voglia di farlo davvero. Adesso sono arrivata "a casa loro" e assicuro che non è facile vivere in questa parte del mondo, con la paura di morire ogni giorno e la sanità che ti cura solo se paghi. Io qui, sento che è un mio dovere civile dare una mano a chi non ha avuto tutte le opportunità che sono state date a me".

**Mariarita, dallo Yemen alla Colombia: "Rischio, però non dite che sono leggera"**

"Leggo le critiche sulla scelta di Silvia e mi si stringe il cuore". Mariarita Ceccaroni è a Piglio, vicino a Frosinone, appena rientrata dallo Yemen e in procinto di partire per la Colombia, e si immedesima nella vicenda della cooperante rapita in Kenya. "La prima volta che sono partita avevo 22 anni — racconta Ceccaroni, che ora ha 33 anni — per un'esperienza di volontariato in Etiopia con dei missionari laici. È allora che ho capito sarebbe stata la mia strada. Così una volta tornata ho preso una specializzazione in cooperazione internazionale e ho cominciato a lavorare con organizzazioni più grandi".

Adesso con Save the Children ha appena concluso un periodo in una zona di guerra. "Dormire per sei mesi con l'incubo delle bombe non è piacevole, ma è il mio lavoro e se voglio salvare la vita di altre persone è un rischio che accetto. Save the Children prepara tutto il personale con formazione specifica, in cui per esempio si danno indicazioni su come comportarsi in casi di sparatorie o tentativi di rapimento. Certo, poi la realtà è un'altra", ammette. Ed è una realtà di cui si accetta tutto: "Una persona che si mette in gioco per salvare gli altri non è mai una persona leggera o irresponsabile — conclude Mariarita — il problema è che ormai si strumentalizza in ogni modo tutto ciò che riguarda il lavoro delle organizzazioni non governative". [...]

**Federica, con i medici in Sud Sudan: "La prima regola è non spostarsi da soli"**

Coordinatrice dei progetti per Medici con l'Africa Cuamm a 29 anni ne ha già alle spalle 8 di esperienza. Il suo ultimo incarico è stato in Sud Sudan, in una zona dove gli ultimi focolai della guerra civile non si sono spenti. "Ci danno degli irresponsabili — osserva — ma chi lo fa non ha la minima idea di come lavoriamo. La mia è stata una scelta professionale, avevo studiato da infermiera e poi dopo tre mesi in Brasile ho capito che volevo specializzarmi, così ho studiato per il master in cooperazione internazionale. Ora gestisco e coordino progetti legati alla salute pubblica".

Osserva che spesso a fare la differenza è la rete sul campo: "I rischi ci sono sempre, ma il Cuamm mi tutela con un'organizzazione e norme da rispettare che influenzano la mia vita: abito in un compound protetto da personale di sicurezza, non mi devo mai spostare da sola, prima di raggiungere avamposti si deve sempre contattare il personale locale". Il problema maggiore però è tenere insieme le due vite, quella del lavoro e quella che rimane a Lurago d'Erba, in provincia di Como, dove ci sono gli amici e la famiglia. "Più vado avanti e più mi sento incompresa — dice Federica — non dagli affetti, ma da chi pensa di conoscere i posti in cui lavoro. Spesso apro i giornali e questa dicotomia è evidente, ma è anche per colmare questo distacco che mi impegno".

(830 parole)

## Comprensione del testo (20 p.)

**Istruzioni per la compilazione:**

- Segna la soluzione corretta.
- Indica le righe corrispondenti alla citazione e scrivi le prime e le ultime tre parole della citazione stessa.
- Se la citazione sarà di meno di sei parole, scrivi l'intera citazione.

### 1. Completa la tabella con le informazioni contenute nel testo. 5 p.

| Nome: | Federica Sartori | Mariarita | Federica |
|---|---|---|---|
| età | | | |
| studi / professione | | | |
| città d'origine | | | |
| Paese / città in cui lavora | | | |
| mesi / anni di esperienza come volontaria | | | |

### 2. Di chi si parla? Segna con una crocetta la persona giusta. 5 p.

| | Federica Sartori | Mariarita | Federica |
|---|---|---|---|
| a) Ha lavorato per sei mesi in un Paese in guerra. | ☐ | ☐ | ☐ |
| riga / righe: __________ citazione: ____________________ | | | |
| b) Ha appena chiesto il prolungamento del suo soggiorno in Africa. | ☐ | ☐ | ☐ |
| riga / righe: __________ citazione: ____________________ | | | |

| | Federica Sartori | Mariarita | Federica |
|---|---|---|---|
| c) Quando vuole uscire deve informare il personale di sicurezza. | ☐ | ☐ | ☐ |
| riga / righe: ______<br>citazione: ______<br>______ | | | |
| d) Prima di partire ha partecipato a dei corsi particolari per imparare a gestire situazioni pericolose. | ☐ | ☐ | ☐ |
| riga / righe: ______<br>citazione: ______<br>______ | | | |
| e) Dice di voler aiutare chi è nato in condizioni di vita meno felici di quelle che ha conosciuto lei stessa. | ☐ | ☐ | ☐ |
| riga / righe: ______<br>citazione: ______<br>______ | | | |

## 3. Vero o falso – Segna con una crocetta la risposta giusta.

7 p.

| | vero | falso |
|---|---|---|
| a) Il rapimento di Silvia Romano fa di nuovo discutere sul ruolo dei giovani volontari. | ☐ | ☐ |

riga / righe: ______

citazione: ______

______

| | vero | falso |
|---|---|---|
| b) Partire per Free Town è stata la scelta giusta per Federica Sartori. | ☐ | ☐ |

riga / righe: ______

citazione: ______

______

| | vero | falso |
|---|---|---|
| c) Se sei malato a Free Town e non hai soldi è difficile trovare un medico pronto a curarti. | ☐ | ☐ |

riga / righe: ____________________

citazione: ____________________________________________________________

____________________________________________________________

| | | |
|---|---|---|
| d) Mariarita vuole aiutare le persone in zone di guerra anche se rischia la propria vita. | ☐ | ☐ |

riga / righe: ____________________

citazione: ____________________________________________________________

____________________________________________________________

| | | |
|---|---|---|
| e) Secondo Mariarita ci sono purtroppo volontari che non prendono sul serio il loro lavoro ed i pericoli ai quali si espongono. | ☐ | ☐ |

riga / righe: ____________________

citazione: ____________________________________________________________

____________________________________________________________

| | | |
|---|---|---|
| f) Le regole di sicurezza dell'organizzazione per cui lavora Federica influenzano la sua vita. | ☐ | ☐ |

riga / righe: ____________________

citazione: ____________________________________________________________

____________________________________________________________

| | | |
|---|---|---|
| g) Per lei è difficile avere il sostegno morale da parte della sua famiglia rimasta in Italia. | ☐ | ☐ |

riga / righe: ____________________

citazione: ____________________________________________________________

____________________________________________________________

**4. Come mai alcuni giovani sentono il bisogno di fare un'esperienza di lavoro nei Paesi poveri pur sapendo che lì corrono tanti rischi?** **3 p.**

Scrivi tre motivi contenuti nel testo.

a) ____________________________________________________________

____________________________________________________________

b) ____________________________________________________________

____________________________________________________________

c) ____________________________________________________________

____________________________________________________________

# Palermo, i nuovi cittadini immigrati si raccontano

*Ieri pomeriggio il laboratorio "welfare e integrazione", con le testimonianze di professionisti stranieri che credono in un cambiamento possibile che parta anche da loro. "È arrivato il tempo delle azioni concrete".*

PALERMO – La psicologa, lo sportivo, l'imprenditore, i sindacalisti, i cittadini immigrati si raccontano e sperano in un cambiamento della società che possa partire anche da loro. In questo modo si è svolto ieri pomeriggio il laboratorio di 'welfare e integrazione' inserito nell'ambito del seminario "Cittadini nuovi per la città che cambia. Storie e prospettive a confronto", organizzato dall'Istituto Arrupe, Centro Astalli, "Link-Officine Mediterranee" e Caritas diocesana con il patrocinio del Jesuit Social Network. A discutere di diritti e nuove politiche pubbliche, anche in vista delle prossime scadenze elettorali, sono stati, infatti, alcuni professionisti stranieri, operanti a Palermo da molti anni.

La prima ad avere la parola è stata Yodit Abraha, psicologa, in Italia da 26 anni. "È arrivato per noi immigrati il tempo delle azioni concrete – dice –. Noi vogliamo impegnarci attivamente per la crescita di quella che è la nostra città. Non ci sentiamo più ospiti di questa terra ma chiediamo di essere parte attiva del cambiamento della società". Alle sue parole sono seguite quelle del giovane atleta Rachid Berradi, campione olimpionico primatista italiano di mezza maratona. Anche lui da 26 anni a Palermo, è riuscito con il tempo a diventare un grande atleta, partecipando pure alle Olimpiadi in Australia nel 2000. "Oggi mi occupo di sport sociale, ho vissuto due anni a Roma per allenarmi ma poi ho deciso di ritornare a Palermo – racconta. In città ho fondato una scuola di atletica leggera per i ragazzi dello Zen. Il mio dovere da cittadino è quello di dedicarmi ai giovani italiani più sfortunati di me. Solo con il nostro impegno possiamo essere la leva del cambiamento di questa città".

Il più anziano del gruppo è Fateh Ashqar, piccolo imprenditore, a Palermo fin dagli anni '80: titolare di un ristorante e presidente di un'associazione di cultura araba. "Sono iscritto ad Addiopizzo e da diversi anni ho capito quanto è importante fare crescere la legalità – dice –. Per noi imprenditori c'è bisogno di creare un piano commerciale che possa aiutare tutti gli immigrati che vogliano aprire delle attività economiche a capire come operare. Da cittadino immigrato arabo palestinese, proveniente da un regime dittatoriale, mi sento di dire che prima di giudicare gli altri bisogna fare una sana autocritica su quello che siamo e su quello che vogliamo fare per il territorio in cui viviamo".

"Palermo non può rimanere cieca davanti a noi che siamo la nuova linfa della società – aggiunge Nadine Abdia, co-presidente dell'Anolf Sicilia. È ora di smetterla di considerare l'immigrato figlio di un Dio minore. È vero c'è tanta crisi e disoccupazione ma molti immigrati accettano di fare i lavori che gli italiani non vogliono più fare. Nella vita credo che oggi bisogna mettersi in gioco con tutte le forze a disposizione e i nuovi cittadini stranieri hanno dimostrato finora di farlo nel migliore dei modi".

Di politiche e diritto al lavoro ha parlato Zaher Darwish, responsabile immigrati Cgil Palermo che ha moderato l'incontro. "Siamo schiavi dei numeri che ci rubano tempo e cultura - dice. Mi chiedo perché oggi gli immigrati devono rimanere ingabbiati nelle maglie dei numeri che legittimano o meno la loro presenza sul territorio. Numeri che non fanno altro che aumentare la loro sofferenza e la diffidenza della società nei loro confronti. Per questo quando si parla di cambiamento questo deve essere prima di tutto culturale nella consapevolezza che esiste una fetta di cittadini immigrati che deve essere messa nelle condizioni di esercitare i propri diritti come tutti gli altri".

Tra le testimonianze inoltre, nell'ambito delle politiche per la libertà di culto, è stato sottolineato da una giovane tunisina dell'associazione "Primavera", quanto è importante che la prossima amministrazione della città provveda a riconoscere degli spazi culturali dove studiare la cultura araba e dove potere esercitare il proprio culto religioso.

(641 parole)

https://istitutoarrupe.gesuiti.it / Serena Termini, 01.03.2017

Annotazioni

44 **lo Zen** quartiere simbolo del degrado di Palermo: è afflitto da gravi problemi di degrado architettonico e sociale, con alti tassi di dispersione scolastica, microcriminalità e infiltrazioni mafiose

55 **Addiopizzo** movimento antimafia nato a Palermo nel 2004

85 **Cgil** *abbreviazione di* **Confederazione Generale Italiana del Lavoro** Allgemeiner Italienischer Gewerkschaftsbund

## Comprensione del testo (10 p.)

**Istruzioni per la compilazione:**

- Segna la soluzione corretta.
- Indica le righe corrispondenti alla citazione e scrivi le prime e le ultime tre parole della citazione stessa.
- Se la citazione sarà di meno di sei parole, scrivi l'intera citazione.

### 1. Segna con una crocetta la riposta giusta. 2 p.

a) L'obiettivo degli organizzatori del laboratorio "welfare e integrazione" è di

- ☐ cambiare la società con l'aiuto degli immigrati.
- ☐ capire le esigenze della società che cambia in continuazione.
- ☐ riflettere sull'attribuzione della cittadinanza agli immigrati palermitani.
- ☐ discutere di problemi legati alla situazione precaria della maggior parte degli immigrati.

riga / righe: ____________________

citazione: ______________________________________________

______________________________________________

b) Durante il laboratorio hanno preso la parola

- [ ] psicologi e sportivi di tutta Italia.
- [ ] cittadini italiani che lavorano in Sicilia.
- [ ] professionisti immigrati che abitano a Palermo.
- [ ] rappresentanti della Caritas e del Centro Astalli.

riga / righe: ____________

citazione: ______________________________________________

______________________________________________

**2. Completa la frase usando le parole del testo.** 1 p.

Secondo Yodit Abraha gli immigrati non si considerano più ____________

ma vogliono essere ______________________________________________

______________________________________________

**3. Vero o falso – Segna con una crocetta la risposta giusta.** 5 p.

| | vero | falso |
|---|---|---|
| a) Rachid Berradi è uno sportivo italiano famoso. | ☐ | ☐ |

riga / righe: ____________

citazione: ______________________________________________

______________________________________________

| | vero | falso |
|---|---|---|
| b) A Roma ha fondato una scuola di atletica leggera per ragazzi svantaggiati. | ☐ | ☐ |

riga / righe: ____________

citazione: ______________________________________________

______________________________________________

| | vero | falso |
|---|---|---|
| c) Fateh Ashqar è attivo nel movimento antimafia. | ☐ | ☐ |

riga / righe: ____________

citazione: ______________________________________________

______________________________________________

| | vero | falso |
|---|---|---|
| d) Secondo Nadine Abdia ancora oggi tanti italiani considerano gli immigrati degli esseri umani di serie B. | ☐ | ☐ |

riga / righe: ____________

citazione: ______________________________________________

______________________________________________

| | vero | falso |
|---|---|---|
| e) Nadine Abdia pensa che gli immigrati sbaglino accettando i lavori che gli italiani rifiutano di fare. | ☐ | ☐ |

riga / righe: ____________________

citazione: ____________________________________________________

____________________________________________________________

**4. Completa le frasi usando una citazione del testo.** **2 p.**

Quando parla di cambiamento culturale, Zaher Darwish chiede ai concittadini di accettare che

____________________________________________________________

____________________________________________________________

____________________________________________________________

La ragazza tunisina dell'associazione "Primavera" chiede alla nuova amministrazione di Palermo di

____________________________________________________________

____________________________________________________________

____________________________________________________________

____________________________________________________________

# 2. Sprachmittlung (Mediazione)

## Definition

Die Sprachmittlung gehört zum Aufgabenbereich Textproduktion. Je nach Bundesland müssen Sie eine Sprachmittlungsaufgabe und / oder eine Hörverstehensaufgabe entweder als Klausur in der Qualifikationsphase oder als Teil der schriftlichen Abiturprüfung bearbeiten.

### > Das Ziel der Sprachmittlung: Was wird verlangt?

Sie zeigen, dass Sie einen deutschen Text verstehen und die von der Aufgabenstellung verlangten Informationen entnehmen und ins Italienische übertragen können. Diese Informationen sollen nicht eins zu eins übersetzt sondern – unter Berücksichtigung der geforderten Textsorte – sinngemäß in die Fremdsprache übertragen werden. Dabei soll also keine reine Zusammenfassung des deutschen Textes entstehen, sondern eine ziel- und adressatengerichtete und textsortenspezifische Übertragung.

### > Welche Kompetenzen muss ich hierbei beherrschen?

- Sie beherrschen Lesestrategien und Markierungstechniken und können die wichtigsten, in der Aufgabenstellung verlangten Aspekte des deutschen Textes herausfinden (= Mapping).
- Sie verfügen über genügend Sprachkompetenz, um die deutschen Stichpunkte sinngemäß ins Italienische zu übertragen.
- Sie können Ihren Text logisch aufbauen und strukturieren und Ihrem Text die geforderten textsortenspezifischen Merkmale geben.
- Sie verfügen über Paraphrasierungstechniken, um unbekanntes Vokabular zu umgehen oder zu umschreiben.
- Sie können mit dem einsprachigen Wörterbuch umgehen und es als Hilfsmittel nutzen, um sich fehlendes Vokabular zu erschließen.
- Sie können evtl. vorkommende interkulturelle Besonderheiten in der Fremdsprache erklären bzw. umschreiben.

### > Auf welche Textvorlagen kann sich die Sprachmittlungsaufgabe beziehen?

Es können literarische wie auch soziokulturelle Texte (Zeitungsartikel, Internetartikel etc.) als Vorlage dienen. Hierbei sind auch unterschiedliche Textsorten (Interview, Text mit Statistik / Karikatur / Bild etc.) vorstellbar.

### > Die Aufgabenstellung

Bei der Sprachmittlung ist es sehr wichtig, sich die Aufgabenstellung genau durchzulesen. Denn hier finden Sie alle Informationen, die Sie zur erfolgreichen Bearbeitung benötigen:

- Für wen soll ich den Text verfassen? Wer ist der Adressat?
  z.B.: Schreibe ich an einen gleichaltrigen Freund, an einen Erwachsenen, an einen Verlag, an eine Firma…?
- Für welche Situation oder zu welchem Anlass soll ich den Text verfassen?
  z.B.: Ist es eine Rede, die ich in einer italienischen Schule halten soll, soll ich einen Artikel für die italienische Schülerzeitung verfassen oder ist es eine Zusammenstellung für eine Präsentation …
- Welche Informationen sollen gemittelt werden?
  z.B.: Sind es nur bestimmte Teile des deutschen Textes die gefragt sind oder soll der gesamte Text gemittelt werden? Soll ich die Standpunkte der verschiedenen Personen, die im Text genannt sind, wiedergeben? Soll ich die Pros und Contras herausfinden? …
- Welche Textform soll ich benutzen?
  z.B.: Soll ich einen Brief schreiben, eine Mail, soll ich einen Vortrag vorbereiten, oder soll ich meinem italienischen Freund Informationen schicken für eine Präsentation?…

## Strategien

1. **Lesen Sie sich zunächst den Text und die Aufgabenstellung einmal sorgfältig durch.**

2. **Achten Sie beim 2. Lesedurchgang nochmals besonders auf die Aufgabenstellung:**
   - Welche Informationen sollen gemittelt werden?
   - Wer ist der Adressat?
   - Welche Textsorte wird verlangt?

3. **Gehen Sie den Text mit einem (Farb-)Stift durch.**
   Unterstreichen Sie die wichtigsten Stellen im Text. Streichen Sie Redundanzen im deutschen Text und Informationen, die nicht unbedingt notwendig für die Sprachmittlung sind bzw. die von der Aufgabenstellung nicht verlangt werden, durch.

4. **Schreiben Sie sich die wichtigsten Punkte stichwortartig in der Muttersprache auf ein Konzeptblatt (= Mapping).**
   Verwenden Sie dafür die Ausgangssprache.

5. **Überlegen Sie sich eine mögliche Struktur des zu verfassenden Textes.**
   Überlegen Sie dabei, ob die Reihenfolge sinnvoll ist, oder ob Sie einzelne Elemente lieber umstellen wollen, damit ein logisch aufgebauter Text in der Fremdsprache entsteht und die Aufgabenstellung berücksichtigt wird.

6. **Achten Sie auf die durch die Aufgabenstellung verlangte Textsorte und den Adressaten.**
   Mögliche Textsorten:
   - persönlicher Brief
   - offizieller Brief
   - Zeitungsartikel
   - Infoblatt
   - Präsentation
   - ...

   Überlegen Sie sich wie Sie die Person anreden.
   Überlegen Sie dann, wie Sie Ihren Text beginnen und beenden möchten. Denken Sie daran, Sie sollen keine Zusammenfassung des deutschen Textes machen.

Siehe Übung zur Benutzung des zweisprachigen Wörterbuchs auf S. 48

7. **Lassen Sie sich von unbekannten Wörtern im Text nicht abschrecken.**
   Sie brauchen ja nicht wortwörtlich zu übersetzen, sondern vielleicht können Sie das eine oder andere notwendige Wort umgehen, bzw. paraphrasieren.
   Einzelne Wörter können Sie im zweisprachigen Wörterbuch nachschlagen. Beachten Sie dabei, dass es manchmal mehrere Übersetzungen für ein Wort gibt, die je nach Kontext passen oder nicht. Denken Sie auch daran, dass das Nachschlagen Sie unter Umständen viel Zeit kosten kann. Das einsprachige Wörterbuch kann auch eine Hilfestellung sein, um Schlüsselwörter evtl. über die Wortfamilie oder über andere Sprachen zu erschließen.

8. **Achten Sie auf kulturspezifische Begriffe im Ausgangstext.**
   (z. B. Wohngemeinschaft, Schultüte, Baumkuchen, Maultaschen, etc.)
   Überlegen Sie, ob Sie diese umschreiben müssen, damit der Adressat Sie versteht.

9. **Denken Sie auch an das interkulturelle Vermitteln**
   Wird im deutschen Text harsche Kritik geübt, ist es möglicherweise Ihre Aufgabe diese Kritik „angenehmer" zu verpacken, damit die Gefühle des Adressaten nicht verletzt werden.

10. **Beginnen Sie nun, ein Konzept in der Zielsprache zu verfassen.**
    Der Text soll sich flüssig anhören. Versuchen Sie daher, Übergangswörter einzubinden.

11. **Lesen Sie sich den fertigen Text nochmals durch und machen Sie nochmals eine inhaltliche und sprachliche Korrektur des Textes.**
    Kann der Adressat alles verstehen, ohne den deutschen Ausgangstext zu kennen? Ist der Aufbau logisch?

12. **... und am Ende?**
    Schreiben Sie nun die Endfassung auf und lesen Sie sich danach den gesamten Text nochmals durch.

**Checkliste:**
- Habe ich die wichtigsten (von der Aufgabenstellung verlangten) Informationen im Text gefunden?
- Gibt es interkulturelle und kulturspezifische Elemente, die berücksichtigt werden müssen?
- Für wen / zu welchem Anlass verfasse ich den Text? (Adressat?)
- Welche Textsorte wird von mir verlangt? (Brief, E-Mail ...?)
- Habe ich den notwendigen Wortschatz parat? Wie vermeide / umschreibe ich Wörter? Was kann ich im Wörterbuch finden?

BADISCHE ZEITUNG | 6. Februar 2019

# Eine Stadt wird zum Museum

**Von Mai an sollen Tagestouristen drei Euro Eintritt bezahlen / Bürgermeister will Besucherströme kontrollieren**

Seit den Tagen der venezianischen Republik wird Venedig „La Serenissima“ genannt, was so viel wie „Durchlauchteste“ bedeutet. Man würde sich nicht wundern, wenn sich Touristen demnächst neue Spitznamen für die Lagunenstadt ausdächten. „La Carissima“ zum Beispiel, die Teuerste. Denn von Mai an sollen Tagestouristen Eintritt für Venedig bezahlen.

Eintritt für den Besuch einer Stadt? Ja, so ist es. Die Stadtregierung hat einen Gesetzvorschlag vorgelegt, der noch vom Stadtrat bestätigt werden muss. Die Pläne sind durchaus konkret. Tagestouristen in Venedig sollen nach Plänen von Bürgermeister Luigi Brugnaro von Mai an Eintritt für die beliebte Lagunenstadt bezahlen. Der Preis liegt bei drei Euro pro Person, kündigte er am Montag in Venedig an. Besucher, die in Herbergen in der Stadt unterkommen, sind von der Zahlung befreit. Hotelgäste müssen – wie andernorts auch – breit eine Taxe bezahlen. Von 2020 an sollen Besucher dann an normalen Tagen sechs Euro bezahlen, acht an Tagen mit mittlerem Ansturm und zehn Euro an Karneval oder im August, wenn die Stadt aus allen Nähten platzt.

28 Millionen Besucher sollen es zuletzt pro Jahr gewesen sein, obwohl eine Studie nahelegt, dass die Stadt mit ihren noch 55 000 Einwohnern gerade einmal 7,5 Millionen Touristen pro Jahr verträgt. Schon jetzt zahlen Besucher einen Touristen-Zuschlag in Höhe von 3 Euro, der auf die Hotelrechnung aufgeschlagen wird. Wer in der Stadt übernachtet, zahlt weiter diesen Aufschlag. Die Eintrittskarte für

die Stadt ist Tagestouristen vorbehalten, weil diese mit Stippvisiten und nicht selten auch mit improvisierten Picknicks kaum etwas in die Kassen der Stadt spülen.

Die Touristenabgabe soll bei der Benutzung von öffentlichen und privaten Verkehrsmitteln aufgeschlagen werden. 75 Minuten Venedig an einem kühlen Tag im August kosten dann 20,50 Euro: 10,50 Euro für ein 75-Minuten-Ticket mit dem Vaporetto-Wasserbus und zehn für das Stadtticket. Bereits vergangenes Jahr ließ die Stadtverwaltung unter dem umstrittenen Bürgermeister Bugnaro Drehkreuze an neuralgischen Stellen der Stadt installieren, um den Besucheransturm besser zu bewältigen.

Demselben Kalkül ist nun auch die neue Maßnahme geschuldet. „Das Ziel ist, mit der Zeit die Touristenströme der Stadt zu kontrollieren und die Ankünfte ab 2022 vorherzusehen“, sagte Burgnaro, der die verschuldete Kommune finanziell sanieren will. In zwei Jahren soll die Venedig-Reservierung für Tagesbesucher verpflichtend werden. Niemand würde der Zugang verwehrt, erklärt Brugnaro. Es würde nur komplizierter. Die Kosten rechtfertigt der Bürgermeister mit der Instandhaltung der Stadt.

Es ist unwahrscheinlich, dass eine Eintrittsgebühr tatsächlich den Ansturm reduzieren kann und soll. Zudem ist Venedig ein Geschäft, nicht zuletzt für die Venezianer selbst. Viele profitieren von den hohen Mieteinnahmen für Geschäfte und Restaurants oder vom Immobilienverkauf. Von 2020 an könnte es dann offiziell werden: Venedig wechselt die Kategorie: aus einer Stadt wird ein Museum.


https://www.badische-zeitung.de/lagunenstadt-erhebt-bald-eintrittspreis--print--165788581.html

**Il tuo partner italiano vede sul giornale una foto di Venezia e vuole sapere di che cosa parla l'articolo di giornale. Tu gli prometti che gli mandi un breve riassunto.**

> Markieren Sie am besten zuerst im deutschen Text die relevanten Passagen, dann notieren Sie sich stichpunktartig die wichtigsten Punkte (am besten auf Deutsch) auf einem Konzeptblatt.

### 1. Herausschreiben der wichtigsten Punkte (Mapping):

Einleitung

La Serenissima → eher: La Carissima
Iniziative des Bürgermeister Luigi Brugnaro: Eintritt verlangen

Tagestouristen: ab Mai 3 Euro (weil sie kein Geld in der Stadt lassen..Picknick...)
Touristen die übernachten: nichts, da sie sowieso Kurtaxe im Hotel bezahlen

| Ab 2020: | 6 Euro | an normalen Tagen |
| --- | --- | --- |
| | 8 Euro | bei mittlerem Ansturm |
| | 10 Euro | an Karneval oder im Sommer |

(Venedig hatte 28 Millionen Besucher – bei einer Einwohnerzahl von 55.000 würde die Stadt max. 7,5 Millionen Besucher vertragen)

Gründe für Eintrittsgeld: Instandhaltung der Stadt

Es wird überlegt: verpflichtende Reservierung einführen (um Ankünfte besser zu kontrollieren und vorherzusagen)
Zugang wird nicht verwehrt sondern erschwert
Die Eintrittsgebühr wird nicht Touristenzustrom verringern – Venezianer selbst profitieren ja auch von den Touristen

Schlusssatz: Stadt wird zum Museum

**2. Restrukturierung der herausgesuchten Punkte und Übertragung ins Italienische:**

Articolo „Una città diventa un museo"
Sindaco di Venezia: introdurre una tassa
Venezia non è più la Serenissima ma la Carissima

le varie tariffe da pagare: 3/6/10 Euro...
motivo: lavori di manutenzione della città

introduzione di prenotazione obbligatoria = non impedisce ma rende più complicata la visita
28 milioni di turisti all'anno = troppi per una città con 55.000 abitanti
non ridurrà il flusso di turisti – i veneziani ne approfittano

**3. Verfassen des adressatengerechten und textsortenspezifsischen Textes:**

- Sie sollen einen persönlichen Brief an einen Freund verfassen d.h. Sie müssen die dafür notwendigen textsortenspezifischen Merkmale kennen (wie beginne ich den Brief, wie leite ich zum eigentlichen Sprachmittlungsteil über und wie beende ich den Brief).
- Einstieg: Sie beginnen den Brief mit einer persönlichen Anrede und schreiben noch ein paar einleitende Worte (s. sprachliche Mittel unten) und leiten dann zum eigentlichen Sprachmittlungstext über.
- Ende: Sie beenden den Brief mit einem Abschlusssatz evtl. einer Abschiedsfloskel und Ihrer Unterschrift (s. sprachliche Mittel unten).

Caro Francesco,

spero che tu abbia fatto un buon viaggio di rientro. Prima di partire avevi visto la foto di Venezia sul giornale tedesco "Badische Zeitung" e mi avevi chiesto cosa scrive la stampa tedesca su Venezia. Allora, ti riassumo brevemente l'articolo. È intitolato "Una città diventa un museo". Si parla dei problemi di Venezia con il turismo di massa. Per combattere l'"invasione" da parte dei turisti, il sindaco di Venezia, Luigi Brugnaro, ha pensato di introdurre una tassa per entrare in città. Così Venezia non si dovrebbe più chiamare la Serenissima, ma piuttosto la Carissima. Secondo il quotidiano tedesco il sindaco avrebbe già le idee chiare: 3 Euro al giorno per i turisti che non alloggiano nella città. Quelli che passano la notte a Venezia pagano già una tassa in albergo. A partire dal 2020 la cifra varierà a seconda della stagione, 6 Euro nella bassa stagione, 10 Euro nel periodo di Carnevale per esempio. Si è introdotta questa tassa giornaliera per coprire i lavori di manutenzione della città. Il comune pensa anche di introdurre un sistema di prenotazione obbligatoria per i visitatori per controllare e programmare meglio gli arrivi dei turisti. L'introduzione della tassa non ridurrà il numero di visitatori, ma renderà più difficile una visita a Venezia. Con 55.000 abitanti la città potrebbe accogliere circa 7,5 milioni di visitatori all'anno. Però, in realtà, ogni anno 28 milioni di turisti visitano Venezia. In fondo, i veneziani non vogliono neanche limitare troppo il turismo perché molti ne approfittano. Alla fine dell'articolo si legge che a partire dal 2020 Venezia potrebbe trasformarsi da città a museo.

Tu sei mai stato a Venezia? La situazione è davvero così grave? Cosa ne pensi?

Tanti saluti...

# Übung zur korrekten Benutzung des zweisprachigen Wörterbuchs

**Sie möchten zum Beispiel den Satz „Man muss einen Platz im Zug reservieren." schreiben. Nun fällt Ihnen das Wort für Platz nicht ein und Sie schauen im zweisprachigen Wörterbuch nach. Sie finden mehrere Einträge und müssen entscheiden, welches Wort das passende ist. Für welches italienische Wort entscheiden Sie sich?**

| **Platz** | |
|---|---|
| (Spielfeld) | un campo |
| (freier Raum) | uno spazio |
| (offener Raum im Freien) | una piazza |
| (Sitzplatz) | un posto |

→ Bisogna prenotare ______________________.

### Weitere Beispiele

1. Er muss eine Strafe zahlen.

| **Strafe** | |
|---|---|
| (Bestrafung, Züchtigung) | una punizione |
| (Geldstrafe) | una multa |
| (Haftstrafe) | una pena |

→ Deve pagare ______________________.

2. Du musst eine Karte fürs Museum kaufen.

| **Karte** | |
|---|---|
| Spielkarte | una carta |
| Ansichtskarte | una cartolina |
| Zugkarte | un biglietto |
| Eintrittskarte | un biglietto (d'ingresso) |
| Speisekarte | un menù |
| Landkarte | una carta geografica |
| Karteikarte | una scheda |

→ Devi comprare ______________________ per il museo.

3. Venedig ist ein Geschäft für die Venezianer.

| **Geschäft** | |
|---|---|
| (Verkaufsstelle) | un negozio |
| (Gewerbe) | un mestiere |
| (Firma) | una ditta / un'azienda |
| (Notdurft) | un bisogno |
| Handelsgeschäft, Einnahmequelle | un affare |

→ Venezia è ______________________ per i veneziani.

4. Viele Touristen besuchen Venedig.

**besuchen**

| | |
|---|---|
| besuchen (Person) | andare a trovare |
| besuchen, besichtigen (Gebäude, Museum, Stadt) | visitare |
| besuchen (Schule) | frequentare |

→ Molti turisti ______________________ Venezia.

5. Das Ziel ist, die Touristenströme zu kontrollieren.

**Ziel**

| | |
|---|---|
| Zielscheibe | il besaglio |
| Ziel (beim Sport) | il traguardo |
| (Zweck) | l'obiettivo |
| (Bestimmungsort) | la meta / la destinazione |

→ ______________________ è di controllare i flussi turistici.

Im März 1911 wurde in Deutschland zum ersten Mal der Internationale Frauentag gefeiert. Weltweit nutzen Frauen seither alljährlich diesen Tag: Sie gehen an die Öffentlichkeit, um daran zu erinnern, was sie bereits erkämpft und erreicht haben. Sie machen darauf aufmerksam, dass sie für ihre Rechte eintreten und die Gleichberechtigung von Frauen und Mädchen dort einfordern, wo sie noch nicht verwirklicht ist. Wie in jedem Jahr ist der 8. März auch im Jahr 2019 der Auftakt für die anschließenden Aktionstage. Das umfangreiche und vielfältige Veranstaltungsprogramm bietet ein breites Spektrum von Aktionen, Führungen, Vorträgen, Workshops, Filmvorführungen und vieles mehr und zeigt damit das Engagement der Frauen in allen Bereichen in der Stadt. Die Stelle zur Gleichberechtigung der Frau, Stadt Freiburg, koordiniert die Aktivitäten zum Internationalen Frauentag.
Hier finden Sie das Programm zum Internationalen Frauentag 2019 und den anschließenden Aktionstagen.

## Frauen-Film-Fest – 100 Jahre

### Wahlrecht für Frauen

Wir zeigen um 17 h „Die Sufragetten" und um 20 h „Die Göttliche Ordnung". Davor, dazwischen und danach gibts kurzweilige Beiträge, Musik und Zeit für Gespräche bei Fingerfood und Sekt.
**Veranstalterin:** Unabhängige Frauen Freiburg

## Internationales Frauen-Mitmach-Fest

### Tänze aus aller Welt, Musik, leckeres Essen

Speisen für das „Internationale Mitbring-Buffet" sind herzlich willkommen.
**Veranstalterinnen:** Frauentagsfest-Vorbereitungsteam aus Mehrgenerationenhaus EBW, Kinder- u. Jugendzentrum Weingarten, Nachbarschaftstreff

## Argumentationstraining für Frauen gegen sexistische und rassistische Sprüche

**Nie wieder „Frau am Steuer, Ungeheuer!"**
Anmeldung erforderlich.
**Veranstalterin:** pro familia Freiburg; Kosten 10 Euro

## Bei mir bist du schön

**Text-Musik-Inspiration**
Geistliche und weltliche Texte und die musikalische Gestaltung durch den Chor Femmes Vocales Freiburg laden dazu ein, das Freiburger Münster einmal anders zu erleben. Kommen und Gehen jederzeit möglich!
**Veranstalterinnen:** C-Punkt, Sozialdienst katholischer Frauen, Frauenreferat Diözesanstelle Breisgau-Schwarzwald-Baar
Münster, Münsterplatz

## Erzählcafé – Geschichten aus allen Kulturen

**Zuhören oder die eigene Geschichte erzählen?**
Das Erzählcafé ist der Ort, um Erlebnisse, Wünsche oder Träume auszutauschen. Gemeinsam genießen Freiburgerinnen aus aller Welt mit und ohne Deutschkenntnisse bei Kaffee und Tee den Kulturaustausch.
**Veranstalterin:** Freiburgerinnen aus aller Welt/Kommunikation & Medien e.V.

## „Heldinnen des Alltags" Foto-Ausstellung

**Portraitaufnahmen der Freiburger Fotografin Margrit Müller**
„Ich bin eine Heldin des Alltags, weil…". Bei der Fotoaktion sprachen Passantinnen in Freiburg über ihre „ganz normalen" Heldinnen-Leistungen, die sie alltäglich vollbringen, ohne damit sichtbar zu sein. Die Portraits zeigen Frauen in berührenden und ausdrucksstarken Bildern und regen die Besucherinnen an, über ihre eigenen Heldinnentaten nachzudenken.
**Veranstalterin:** Suchtberatungsstelle FrauenZimmer e.V.

https://www.freiburg.de/pb/,Lde/228700.html


**Tua madre ha invitato la sua amica italiana Giovanna a passare alcuni giorni da voi a Friburgo. Giovanna lavora per il Comitato Unico di garanzia *(Gleichstellungsstelle)* dell'università di Padova ed è molto interessata alla parità dei diritti delle donne in tutto il mondo.**
**Prima di venire da voi Giovanna vuole sapere cosa offre la città di Friburgo per festeggiare la Giornata internazionale della donna. Tu hai trovato queste informazioni su Internet. Scrivi una mail a Giovanna in cui le riassumi il programma.**

BADISCHE ZEITUNG 13. September 2018

# Sollen im Unterricht Handys verboten werden?

**Smartphones an Schulen**

Ende Juli hat das französische Parlament ein gesetzliches Handyverbot an Schulen beschlossen. Schüler bis 15 Jahre dürfen ihre Smartphones auf dem Schulgelände oder auf Schulausflügen nicht mehr benutzen. Französische Gymnasien können ebenfalls ein Handyverbot einführen. Seit der Entscheidung wird auch in Deutschland abermals diskutiert, ob es nicht besser wäre, die digitalen Alleskönner ein für alle Mal aus dem Schulalltag zu verbannen. Bislang gilt nur im Bundesland Bayern ein generelles Handy-Verbot. Lehrer dürfen dort allerdings Aufnahmen für ihren jeweiligen Unterricht machen.

Wie sollen Schulen mit dem Smartphone umgehen? Ist es richtig oder falsch, die Schulen zur handyfreien Zone zu erklären? Zwei Meinungsbeiträge zum Thema aus der BZ-Redaktion.

**Pro:** *Lernen geht nur mit voller Konzentration. Das Smartphone ist der Konzentrationskiller Nummer eins. Weg damit aus dem Unterricht, meint Stefan Hupka.*

Altmodisch, Freiheitsberaubung, brutal – das waren die Kommentare hierzulande, als Frankreichs Nationalversammlung Ende Juli ein Handyverbot an Schulen beschloss. Nur wenige trauten sich, es zu loben. Dabei hatte der Beschluss genau das uneingeschränkt verdient: Lob. Denn es ist konsequent und vor allem: Es ist praktikable. Was man von den vielen Gegenvorschlägen, die seither aus dem deutschen Bildungswesen kommen, nicht behaupten kann, stammen sie nun von Lehrern, Eltern, Schülern oder Politikern.

Lehren und Lernen gelingen nur mit voller Konzentration. Das Smartphone aber ist der Konzentrationskiller Nummer eins. Das kann jeder bestätigen, der eines im Betrieb hat, sitzt er nun am Steuer eines Autos, im Hörsaal, in der Bibliothek, mit der Familie beim Abendbrot oder eben in der Schule. Dazu muss das Gerät gar nicht peinlich klingeln oder dudeln, es reicht, wenn es unter der Bank oder in der Tasche kurz vibriert. Eine Push-Nachricht vom Sport? Ein Gruß vom Liebsten? Ein neuer Trump? Endlich ein Angebot auf meine Suchanzeige? Neugier ist dem Menschen angeboren, und sie verträgt einmal geweckt, keinen Aufschub. Das ist bei allen so, nicht bloß bei pubertierenden Teenagern.

Deshalb sollte es ja Regeln geben. Sagt die Fraktion der Erlauber. Auch sie wollen ja nicht, beteuern sie, dass jeder im Unterricht Videos schaut, Musik hört, vor sich hin chattet oder seine Nachbarin fotografiert. Frage: Was sind "Regeln" anderes als Verbote? Nur dass die kleinen Verbote oft schon im Ansatz scheitern und nicht annähernd so durchsetzbar sind wie das große Verbot à la française. Dort werden die Handys vor Schulbeginn eingeschlossen und danach wieder ausgegeben.

Seien wir nicht naiv: Wer sein Handy dabei hat, für den ist es eine ständige Versuchung, für den einen mehr, für den anderen weniger. Der eine macht es clever, so dass der Lehrer es nicht merkt, der andere lässt sich erwischen und muss mitten im Unterricht zur Rede gestellt werden. Ein Flohzirkus! Als wäre Schule nicht ohne Smartphone schon Regieleistung genug – und war es schon zu Zeiten von Zettelchenpost und Schiffchenversenken. Also bitte: Weg mit dem Handy aus Unterricht und Klassenzimmer, gern auch vom Pausenhof und bitte schön, auch das der Damen und Herren Lehrer. Erst ein Tabu, das für alle gilt, macht es allen leichter, es zu befolgen.

Und was ist mit der Medienkompetenz, der vielbeschworenen? Wo sollen unsere Kinder die Kulturtechnik der neuen Zeit erlernen? Gern doch. Am Nachmittag in einer Doppelstunde pro Woche. Da heißt es dann: Handys aus den Schließfächern und losgesurft. Vertieft wird die neue Kulturtechnik dann ohnehin anderswo.

**Contra:** *Digitale Geräte sind längst Teil unserer Realität. Darum gehören sie unbedingt auch ins Klassenzimmer, meint Stephanie Streif*

So ein Verbot ist praktisch. Es ist ruckzuck aufgestellt und – was das Allerbeste (oder Bequemste?) daran ist – es macht jede Auseinandersetzung überflüssig. Verbot ist Verbot, da bleibt kein Raum für zähe Debatten, ob das Smartphone in der Fünfminutenpause nicht vielleicht doch hervorgeholt werden darf, um seinem besten Freund ein cooles Youtube-Video zu zeigen. Nur: Wen schützt das Smartphone-Verbot? Die Schüler wohl kaum.

Unsere Welt ist längst eine digitale. In fast jeder Hand- oder Hosentasche steckt ein Handy, und auch zu Hause geht es bei den allermeisten Menschen smart zu. So sieht die Wirklichkeit aus. Und diese sollte auch in der Schule vermittelt werden. Gerade weil die digitale Welt alles andere als eine gefahrenfreie Zone ist, muss den Kindern und Jugendlichen der Umgang damit erklärt werden. Sie müssen wissen, dass ihr Tun im Netz Spuren hinterlässt oder dass Meinungen in sozialen Netzwerken auch von viel künstlicher Intelligenz erzeugt werden. Und sie müssen lernen zu verstehen, dass nicht jedes Foto für Instagram taugt und dass es alles andere als lustig ist, einen Mitschüler in der digitalen Klassengruppe als „Opfer" zu bezeichnen.

All das braucht Diskussion, braucht Anleitung. Schule muss das leisten – vorausgesetzt sie nimmt ihre Aufgabe, junge Menschen aufs Leben (auch das in digitalen Räumen) vorzubereiten, auch ernst.

Das Smartphone in der Schule zu verbieten, verschiebt die Probleme, des es bereiten kann, ins Private. Doch in vielen Familien bleibt das Thema unbearbeitet. Etwas weil die Eltern auf Arbeit sind, wenn der übellaunige Jugendliche abends daddelt und den Rest der Familie in Ruhe lässt.

Aber nicht nur deswegen gehört digitale Bildung in die Schule. Denn – aufgepasst – das Smartphone ist nicht nur böse, denn es lässt sich damit eben auch lernen: Im Englischunterricht kann das digitale Wörterbuch beim Übersetzen helfen und mit Snapchat, einer App, können Referate digital aufgepeppt werden. Mittels Smartphone und einer VR-Brille (VR steht für Virtual Reality) können Lehrer ihre Klassen sogar ins menschliche Herz oder auf die Internationale Raumstation nehmen. Warum sollte Schule die digitale Welt nicht für sich nutzen, um Wissen ans Kind zu bringen? Nicht exklusiv, aber ergänzend.

Wer Smartphones an Schulen mit dem Argument „Die daddeln doch eh schon ihre Nachmittage durch" verbieten will, kapituliert vor dem Netz, vielleicht aus einer eigenen Unsicherheit heraus, das digitale Chaos nicht überblicken zu können. Das ist verständlich, hilft aber keinem. Kapitulieren ist keine Option.



**In Italia si sta discutendo una proposta di legge sull'uso del cellulare in classe. Il tuo partner italiano ti chiede cosa ne pensi tu e com'è la situazione nelle scuole tedesche. Rispondi alla sua mail usando le informazioni contenute nell'articolo del giornale tedesco "Badische Zeitung".**

## 4 Lampedusa

**„Sie haben ihre Häuser geöffnet"**

***Warum Lampedusa einen Nobelpreis verdient – und was es bedeutet, stolz auf sein Land zu sein***

*Du hast viel über Kriminalität, Missgunst und Elend in Italien gesprochen, kann man das wirklich verallgemeinern? Das Land zeichnet sich doch durch große Vielfalt aus: Es gibt die arabische Mentalität in den Dörfern Kampaniens, die du beschrieben hast, es gibt auch die disziplinierten, wortkargen Trentiner. Es gibt die erschlossenen Florentiner und die leutseligen Menschen aus der Romagna, den fatalistischen Süden und den tatkräftigen Norden.*

Ja, das stimmt, aber die Vielfältigkeit der Charaktere und Kulturen ist für das Land zugleich Fluch und Segen.

*Hast du eigentlich auch Italiener getroffen, von denen du richtig begeistert warst?*

Aber natürlich, viele. Richtige Helden. Es kling wie ein Gemeinplatz, aber ich glaube, der wahre Heroismus ist im Alltäglichen aufzufinden, in den kleinen Gesten: der Arzt, der unentgeltlich den Flüchtlingen hilft. Der Arbeiter, der gute Arbeit leistet und sich dabei verwirklicht. Solche Menschen sind beispielhaft für mich, denn sie tun Gutes, ohne groß dafür gelobt werden zu wollen.

*Was sagst du denn zu dem unglaublichen Engagement der Ehrenamtlichen, die 2016 im Erdbebengebiet in Mittelitalien geholfen haben?*

Es gibt eben auch dieses Italien, das spontan großzügig sein kann. Und es sind nicht nur Italiener. Es gab auch Migranten, die ihren kleinen Tageslohn spendeten, um den Opfern zu helfen.

*Du hast einmal etwas über eine ganz ungewöhnliche Frau, die Augenzeugin eines Verbrechens, geschrieben. Die wirkte auf mich wirklich wie eine Heldin!*

Ja, Carmelina, eine Lehrerin. Sie war Zeugin eines Mordes in Mondragone. Alle haben sich zu Boden geworfen – nicht so sehr, um den Schüssen auszuweichen, sondern um nicht Zeuge zu werden. Die Frau aber hat sich alles angesehen, ist zur Polizei gegangen und hat den Mörder beschrieben. Die Polizei hat ihn verhaftet und vor Gericht gebracht. Und weißt du, was dann geschah?

*Man hat sie wahrscheinlich ziemlich angefeindet.*

Das ganze Dorf hat sie gehasst. Und zwar nicht, weil sie bewirkt hatte, dass der Mörder gefasst wurde, das war den Dorfbewohnern egal. Sie wurde gehasst, weil sie sich so in Szene gesetzt hatte. Das fanden sie arrogant. Man hat sie dann weit weggebracht, unter Begleitschutz, und sie bekam eine neue Identität. Sie hat alles verloren.

*Aber lassen dich solche Beispiele nicht doch auch an das Gute im Menschen glauben?*

Doch, und es ist jedes Mal groß und anrührend. Trotzdem weigere ich mich, alle Opfer der Camorra als Helden zu sehen. Das ist nicht richtig. Man kann ein unschuldiges Opfer sein, mit dem ganzen Kummer und Schmerz, den das mit sich bringt, aber das heißt nicht, dass man deshalb auch unbedingt ein Held ist. Das wird meines Erachtens erst durch den festen und unverrückbaren Willen, sich gegen ein endemisches Übel wie die organisierte Kriminalität aufzulehnen.

*Ich verstehe, was du meinst. Aber ich habe dich oft sagen hören, die Bewohner von Lampedusa seien Helden.*

Das stimmt. Ich würde die ganze Insel als heldenhaft bezeichnen. Ein Fischer dort hat es einmal so ausgedrückt: „Ich habe nie einen Menschen dem Meer überlassen." Ich wünschte der Nobelpreis würde an Lampedusa gehen. Dabei sind die Bewohner, ehrlich gesagt, alles andere als offen. Es sind Insulaner, rau, unzugänglich. Und doch haben sie ihre Häuser geöffnet. Sie denken nicht: „Die Flüchtlinge stehlen, sie nehmen uns den Arbeitsplatz weg, wir werden aussterben und in Reservaten landen." Sie sehen ein unterernährtes Kind, sie sehen die aufgedunsenen Leichen, und sie handeln. Alles andere ist unwichtig.

aus: Roberto Saviano / Giovanni di Lorenzo, Erklär mir Italien!
Wie kann man ein Land lieben, das einen zur Verzweiflung treibt?,


**Stai facendo un tirocinio presso una casa editrice in Italia e ti chiedono se conosci libri sull'Italia che sono apparsi soltanto in Germania. Fai una ricerca e trovi il libro "Erklär mir Italien" in cui Giovanni di Lorenzo, il direttore del settimanale tedesco DIE ZEIT, intervista l'autore italiano Roberto Saviano. Il tuo capo ti chiede di riassumergli brevemente un capitolo per avere un'idea del contenuto. Tu scegli le pagine in cui si parla di italiani-eroi.**

## 5 Mafia

Die Mafia schätzt an Deutschland die Stabilität, den Wohlstand und die Tatsache, unterschätzt zu werden. Und das seit den 1960er Jahren, als sie im Gefolge der Gastarbeiter nach Deutschland kam und sich zuerst in den industriellen Zentren ansiedelte: im Ruhrgebiet, in Baden-Württemberg, in Bayern. Seitdem sind alle vier Mafiaorganisationen in Deutschland heimisch: die sizilianische Cosa Nostra, die kampanische Camorra, die apulische Sacra Corona Unita und vor allem die kalabrische 'Ndrangheta. Nach dem Fall der Mauer dehnte sich die italienische Mafia nach Ostdeutschland aus [...].

Heute ist die Mafia in ganz Deutschland heimisch. Sie liefert Prostituierte, Kokain, Kinderpornomaterial, Waffen und billige Arbeitskräfte. An Dienstleistungen bietet sie Investitionskapital, falsche Rechnungen, mit denen Steuern „gespart" werden können, illegale Giftmüllbeseitigung und - qua Gewalt oder Korruption - Unterstützung bei der Vermittlung öffentlicher Aufträge und beim Erreichen von Verwaltungsgenehmigungen. Öffentliche Gelder in ihre Tasche umzuleiten, ist die Königsdisziplin der Mafia - und da haben sich mit den europäischen Fördergeldern und dem gemeinsamen europäischen Markt viele neue Perspektiven ergeben. Die einzelnen Mafiaorganisationen machen sich untereinander keine Konkurrenz, sondern arbeiten in Arbeitsteilung zusammen: Der deutsche Kuchen reicht für alle.

562 italienische Mafiosi leben nach Auskunft des BKA in Deutschland, alleine 333 gehören zur 'Ndrangheta - der mächtigsten Mafiaorganisation in Deutschland -, deren Zahl sich im Verhältnis zu 2008 fast vervierfacht hat. Die Dunkelziffer liegt natürlich um ein Vielfaches höher, weil die meisten Mafiosi keine Vorstrafen in Italien haben und deshalb in Deutschland eine Existenz als „erfolgreiche italienische Unternehmer" führen können.

[...]

Mehr als ein Jahrzehnt nach dem Mafiamassaker in Duisburg ist Deutschland für die Mafia immer noch das Paradies auf Erde: Die Mafia will nicht auffallen, und die Deutschen wollen die Mafia nicht sehen. Eine Win-win-Situation.

Die Mafia macht ihre besten Geschäfte, wenn es ruhig ist. Und heute spricht in Deutschland niemand merh über die Mafia: Ruhe ist eben oberste Bürgerpflicht. Nicht nur aus Sicht der Politik, sondern auch aus Sicht der Mafia - die nie ein Fremdkörper ist, sondern sich bis zur Unkenntlichkeit der Gesellschaft anpasst, in der sie lebt. Die Bosse wissen, dass man zwar in Kalabrien, Sizilien oder Neapel die Bürger mit Gewalt einschüchtern kann, in Deutschland die gleiche Taktik jedoch extrem kontraproduktiv wäre. Also versuchen sie dem Bedürfnis vieler Deutscher nach Ruhe entgegenzukommen, indem sie zwei Vorurteile am Leben halten: das die Mafia lediglich eine Art lichtscheues Gesindel sei, also eine Verbrechensorganisation, die irgendwo im gesellschaftlichen Unterholz ihr Unwesen treibt, anders als die Guten, Anständigen, Rechtschaffenen. Und dass sich die Mafia darauf beschränke, ihre kriminellen Geschäfte in ihrem Ursprungsland zu betreiben und Deutschland nicht als „Aktionsraum", sondern lediglich als „Ruheraum" zu nutzen, vor dem nächsten Einsatz als Killer in San Luca oder Corleone, weil wir Demokraten über genügend Antikörper verfügen, um die Ausbreitung der Mafia aufzuhalten.

Bis heute habe ich noch keinen Politiker in Deutschland getroffen, der das Wort „Mafia“ in den Mund genommen hätte, ohne zugleich das Wort „Rückzugsraum“ daran zu kleben. Nach dem Motto: Ja, es mag sein, dass es hier so etwas wie Mafia gibt – die ist hier aber nicht aktiv, eher auf Sommerfrische.
Leider bestätigen die Medien diesen Eindruck oft, wenn sie zum Beispiel eilfertig und auch etwas einfältig titeln: „Wichtiger Schlag gegen Schläfer gelungen.“ Die Mafia schläft aber nicht in Deutschland. Es ist Deutschland, das schläft.
Die Mafia nutzt hier vielen: den große Bauunternehmern, die wissen, dass ein bestimmter Subunternehmer den Bauauftrag zu diesen Dumpingpreisen unmöglich mit legalen Mitteln ausführen kann. Den Bankdirektoren, die ihre Geldwäschebeauftragten anweisen, angesichts der Wirtschaftslage in einem bestimmten strukturschwachen Gebiete bei einem bestimmten Investor ein Auge zuzudrücken. Den Unternehmern, die mit einem stadtbekannten Boss der ’Ndrangheta Exkursionen nach Kalabrien machen, um mit ihm Geschäftliches zu besprechen. Den Politikern, die das Catering für ihre Wahlparty von dem befreundeten aktenkundigen italienischen Gastronomen sponsern lassen und ihm dafür günstige Darlehen des Bundes verschaffen. Den Bürgermeistern, die angesichts der Investitionen von Mafiageldern in ihrer Innenstadt ihre Augen verschließen. Den Rechtsanwälten, Finanzberatern und Bankiers. Die dabei behilflich sind, das schmutzige Geld in den legalen Geldkreislauf einzuschleusen.
Kurz: Deutschland ignoriert die Mafia bewusst, weil Deutschland von der Mafia profitiert.

Aus: Petra Reski, Mafia. 100 Seiten,


**Durante lo scambio scolastico in Italia state parlando anche della mafia. Il tuo amico italiano ti chiede se la mafia esiste anche in Germania. Visto che tu hai letto un libro interessante di Petra Reski, autrice tedesca di tanti libri sulla mafia, gli scrivi una e-mail in cui gli riassumi il seguente brano sulla presenza e le attività della mafia italiana in Germania.**

**SPIEGEL ONLINE** 26.04.2016

# Jugend-Studie: Das denken Teenager heute

**Was treibt junge Menschen in Deutschland gerade um? In der neuen Sinus-Studie geben sie Einblick in Themen wie Asyl, Sex und Handynutzung.**

Die neue Sinus-Studie fühlt Jugendlichen auf den Zahn: Was bewegt sie? Welche Identitäten entwickeln sie? An welchen Werten orientieren sie sich?

Der Tenor der Studie ist für viele überraschend: Während Generationen vor ihnen sich möglichst provokant gegen die eigenen Eltern positionierten, betonen 14- bis 17-Jährige heute, dass sie sein möchten „wie alle". Sie legen Wert auf einen gesellschaftlichen Kanon aus „Freiheit, Aufklärung, Toleranz und sozialen Werten". Subkulturen, mit denen früher die Alten geschockt werden sollten, sind auf dem Rückzug.

Um das herauszufinden, wurden stundenlange Interviews mit mehr als 70 Jugendlichen geführt, in denen sie auch selbst thematisieren konnten, was ihnen wichtig ist. Oft kranken Umfragen daran, dass sie die Themen, die besprochen werden, von außen vorgeben. Das ist hier anders.

Was sagen die Jugendlichen zu den großen gesellschaftlichen und politischen Themen? Wir haben die Kernaussagen der Studie zusammengefasst.

### Handy und Telekommunikation

- Das Handy ist ein Begleiter in allen Lebenslagen. Viele Jugendliche haben eine emotionale Beziehung zu ihrem Smartphone aufgebaut. Zudem fühlen sie sich mit dem Handy sicherer, wenn sie allein unterwegs sind.
- Erwachsene warnen oft, dass Jugendliche mit Handy sozial verarmen könnten, weil sie weniger Kontakt mit ihren Mitmenschen aufnehmen. Jugendliche selbst haben eher das Ge-

fühl, *ohne* digitale Medien sozial zu verarmen.

- Zum ersten Mal zeigten sich negative Aspekte des ständigen Vernetztseins, schreiben die Studienautoren. Auf Partys oder unter Freunden würden Handys auch nerven – und das ständige „Starren aufs Display“ und „dauerndes Getippe“ gelten bei manchen Jugendlichen mittlerweile als uncool und vermeidbar.

**Liebe und Partnerschaft**

- Etwa die Hälfte der Jugendlichen hatte noch keine feste Beziehung, aber fast alle waren schon einmal verliebt oder „bloß verknallt“.
- Beständigkeit in Beziehungen ist den meisten Jugendlichen ein hoher Wert. Häufig wechselnde Beziehungen sind laut Studie weder erwünscht noch besonders gut angesehen.
- Sex ist nicht das Wichtigste in einer Beziehung, einige Jugendliche berichten auch von unschönen ersten Erfahrungen. „Ideal wäre einfach nebeneinander einschlafen“, sagt ein 17-jähriges Mädchen. „Das ist viel schöner als Alleineschlafen.“
- Die meisten Jugendlichen wünschen sich auch Kinder. Das Alter 35 werde dabei als „magische Grenze“ wahrgenommen, bis zu der man eine Familie gegründet haben sollte.

**Glaube und Religion**

- Egal ob christlich, muslimisch oder konfessionslos – generell interessieren sich Jugendliche sehr für die Fragen des Lebens: Woher kommen wir, wohin gehen wir nach dem Tod, was ist gerecht und moralisch?
- Allerdings haben diese Fragen mit Kirche und Gottesdienst oft wenig zu tun. Der Trend geht zum individuell zusammengestellten „Patchwork aus vielen religiösen, quasireligiösen und spirituellen Angeboten“.
- Auch junge Menschen, die keiner Glaubensgemeinschaft angehören, beschäftigen sich oft intensiv mit Religionen. Dabei würden sie vor allem exotischere Religionen wie Buddhismus, Hinduismus oder Judentum gern mal testen „wie eine neue Sportart“. Mitglied werden wollen sie aber meist nicht.
- Konflikte, in denen der Islam eine Rolle spielt, nehmen Jugendliche oft sehr differenziert wahr. Sie versuchen meist, zwischen dem Islam als Religion, den verschiedenen Auslegungen des Korans und religiös begründeter Gewalt zu unterscheiden. Letztere lehnen Jugendlichen aller Religionen aufs Schärfste ab.

**Umweltschutz**

- Der Umweltschutz gehört für fast alle Jugendlichen zu den größten Herausforderungen. Sie haben allerdings nur wenig Hoffnung, dass der Mensch die menschengemachten Umweltprobleme lösen kann.
- Dabei sehen sie sich oft persönlich verantwortlich für den Umweltschutz – bedauern aber gleichzeitig, den eigenen Ansprüchen oft nicht gerecht zu werden. Außerdem sind sie sich nicht sicher, ob ihre Aktionen tatsächlich etwas bringen.
- Klimawandel ist, anders als der Umweltschutz, etwas, das aus Sicht der Jugendlichen nicht vor der eigenen Haustür stattfindet, sondern eher in der Antarktis, in Sibirien, Mikronesien oder anderen fernen Teilen der Welt und das auch erst in einigen Jahrzehnten.
- Viele Jugendliche können sich vorstellen, Biolebensmittel zu kaufen. Für fair hergestellte Kleidung würden sie allerdings nur selten Geld ausgeben – wegen ihrer begrenzten finanziellen Mittel, und weil sie auf bestimmte Stile und Marken stehen.

**Nation und Staatsangehörigkeit**

- Nationale Identität ist für viele Jugendliche ein eher wertfreier Begriff, den sie mit „Herkunft“ gleichsetzen. Besonders wichtig ist ihnen das Thema nicht. Die Befragten mit guter Bildung und postmoderner Ausrichtung verbinden damit am ehesten Negatives, zum Beispiel die historische Last.
- Staatsangehörigkeit ist für die Mehrzahl „kein lebendiges Merkmal ihrer Identität“. Der Pass hat wenig Symbolwert, sondern berechtigt zum Aufenthalt im Land. Flagge, Hymne, Bundesadler - dazu gibt es in der Regel keinen emotionalen Bezug.
- Stereotype über andere Nationen sind dennoch verbreitet, von harmlosen Klischees bis hin zu harten Vorurteilen und diskriminierenden Verallgemeinerungen. Vielen Jugendlichen ist das sogar bewusst, sie äußern Unbehagen darüber und suchen nach alternativen Deutungen.
- Die Jugendlichen sind ganz überwiegend überzeugt davon, dass alle Menschen gleiche Rechte haben. Ein ausgeprägtes Bewusstsein für Alltagsrassismus zeigen aber eher die Jugendlichen aus besser gebildeten Milieus.

**Flucht und Asyl**

- Zum Zeitpunkt der Befragung im Sommer 2015 war die Ankunft von Flüchtlingen dominierendes gesellschaftliches Thema und wurde von den Befragten ausführlich reflektiert.
- Die deutliche Mehrheit der Befragten plädiert allgemein dafür, dass Deutschland mehr Flüchtlinge aufnimmt, teilweise mit dem einschränkenden Zusatz: „solange Deutschland die Kapazitäten dafür hat“. Vor allem in bildungsnahen Milieus gilt Migration als „unverschuldete Konsequenz aus politischen Krisen und Kriegen“. Teils wird die Entscheidung zur Flucht und der Mut für einen Neuanfang in einem fremden Land bewundert.
- Ablehnende Haltungen gegen die Aufnahme von Flüchtlingen finden sich dennoch, und zwar nicht nur in bildungsfernen Milieus, sondern auch in der gesellschaftlichen Mitte. Bei der Ablehnung spielt demnach die Sorge eine Rolle, „dass der Traum, sich durch harte Arbeit einen bescheidenen Wohlstand aufzubauen“ dadurch platzen könnte. Dieses Konkurrenzdenken vermischt sich teils mit ausländerfeindlichen Vorurteilen.
- Als größtes Problem in diesem Zusammenhang wird jedoch die Feindlichkeit gegenüber Flüchtlingen genannt.

Heike Klovert, Matthias Kaufmann, SPIEGEL ONLINE, 26.04.2016,
https://www.spiegel.de/lebenundlernen/schule/jugend-studie-so-denken-junge-menschen-in-deutschland-a-1089407.html

**Partecipi a uno scambio con l'Italia. La professoressa d'italiano ti chiede di parlare in classe dei giovani tedeschi. Per evitare di presentare solo il tuo punto di vista personale usi le informazioni dell'articolo sopracitato per presentare alcuni fatti. Scegli tre temi di cui vuoi parlare e riassumi le informazioni più importanti e più interessanti per i giovani italiani.**

**ITALIENS JUGEND**

# CIAO, MAMMA!

**Von wegen Muttersöhnchen. Immer mehr junge, gut ausgebildete Italiener bauen sich ihre Zukunft im Ausland auf. Das bringt das traditionelle Bild der italienischen Familie ins Wanken.**

*Von Andrea Affaticati, Mailand*

„Ich würde schon gerne in Italien bleiben“ sagt Luca Guccione, ein 23 Jahre alter gebürtiger Mailänder mit einem Master in Management der London School of Economics in der Tasche. „Ich liebe dieses Land, ich liebe meine Stadt, nur für junge Leute mit meiner Ausbildung ist das Angebot alles andere als attraktiv“. Er selber habe zig Lebensläufe verschickt, ohne auch nur eine Rückmeldung zu bekommen. Jetzt hat ihn über das Netzwerk Linkedin ein englischer Headhunter kontaktiert. Und es sieht gut aus. Man hat ihm für ein Vorstellungsgespräch in London sogar das Flugticket bezahlt. Sollte er ein konkretes Angebot bekommen, wird er nach London ziehen.

Denn eine Sache stand für Luca schon immer fest: Einen Ganztagjob für 400 bis 500 Euro im Monat würde er anders als einige seiner Freunde nicht annehmen. „Natürlich wäre ich bereit, auch etwas weniger zu verdienen, um hier zu bleiben, das Geld muss aber auf jeden Fall reichen, um selbständig für meinen Lebensunterhalt aufkommen zu können.“ Viele italienische Unternehmen stellten jedoch hohe Ansprüche an die Kandidaten, ohne es aber zu honorieren. Er selber spreche auch Deutsch und Englisch fließend.

**Sie wollen nur eine Chance**

Die ehemalige Arbeitsministerin Elsa Fornero mahnte einst ihre jungen Landsleute, „nicht so choosy zu sein“. Doch Lucas Geschichte ist die Geschichte von Tausend anderen jungen Italienern, die weder „choosy“, wählerisch, noch „Mammoni“, Mamasöhnchen, -töchter sind. Sie wollen eine Chance haben, im Beruf sowie im Leben.

Assunta, 31 Jahre alt, aus der süditalienischen Region Apulien, erzählt der Tageszeitung „Corriere della Sera“ ihre Geschichte. Zuerst das Jurastudium in Rom, dann zwei Master in Madrid, eines in Entwicklungshilfe, das zweite in internationalem Business. Und jetzt hat man ihr eine Professur in Ecuador angeboten. „Ich freue mich irrsinnig“ schreibt sie zum Schluss. „Nach all der harten Arbeit und den Strapazen kann ich jetzt nicht für 500 Euro im Monat zurück nach Italien ziehen.“

**Wunsch nach eigenständiger, selbstbestimmter Zukunft**

Der Wunsch nach einer eigenständigen, selbstbestimmten Zukunft hat in den letzten acht Jahren, auch infolge der Wirtschaftskrise, 115.000 Italiener dazu bewegt, die Koffer zu packen und ihr Glück woanders zu versuchen. Die

Hälfte davon ist zwischen 20 und 40 Jahre alt, ein Drittel davon hat einen Hochschulabschluss.

Die meisten versuchen, nicht all zu weit weg zu ziehen, wenn möglich in Europa zu bleiben, wie man aus einer Eurostat-Studie entnimmt. Die beliebtesten Länder sind Großbritannien, gefolgt von Deutschland, der Schweiz und Frankreich. Es gibt aber auch welche, die ihr neues Zuhause viel weiter weg finden: in den USA, in Neuseeland, Australien und seit Kurzem auch in China.

Eine Migrationswelle, die sich vielleicht in nicht all zu ferner Zukunft auch auf die wirtschaftliche Entwicklung des Landes niederschlagen wird - immerhin ist eine ganze Generation gebildeter, kluger und talentierter Jugendlicher ausgewandert. Doch schon jetzt schon bringt sie das traditionelle Familienbild ins Wanken.

Natürlich kann man sich heutzutage, wo immer man sein mag, per Skype und WhatsApp auch jeden Tag sprechen und per Video sehen. Sogar zu einer gemeinsamen Kochstunde verabreden, wie es Barbara Tonelli in Rom mit ihrer Tochter Chiara in London macht. Das ändert jedoch nichts an der Tatsache, dass es nicht mehr wie früher ist und wahrscheinlich auch nie wieder sein wird. Vor noch nicht allzu langer Zeit, war es Brauch, wenn nicht Tür an Tür, dann zumindest nur wenige Häuserblocks voneinander entfernt zu wohnen.

Es ist aber gar nicht die Trennung, die den Eltern zu schaffen macht, erklärte unlängst der Psychologe Massimo Ammaniti: „Es ist vielmehr so etwas wie ein Schuldgefühl, das sie quält. Sie meinen versagt zu haben, weil sie ihren Kindern keine Zukunft hier in ihrer Nähe ermöglichen konnten." Aber natürlich sind sie auch stolz über ihre Jungs und Töchter und kompensieren Trennung und Schuld. Vorausgesetzt, die Kinder sind jetzt nicht am anderen Ende der Welt, indem sie, dank der Billigflüge, so oft wie möglich „vorbeikommen" und nach dem Rechten sehen.



**La tua partner italiana vede l'articolo tedesco di Andrea Affaticati dal titolo "Ciao Mamma" e vuole sapere se parla – come tanti altri – in modo negativo del fenomeno dei mammoni in Italia. Tu le rispondi con una mail e riassumi le informazioni più importanti.**

JUGENDLICHE IN ITALIEN

# Zur Mafia statt zum Arbeitsamt

**Wenn die Jugend in Neapels Armutsvierteln einen Job sucht, geht sie lieber zur Camorra, nicht zu den Behörden. Dafür gibt es Gründe – und dagegen viele Projekte. Aber bislang haben sie wenig Erfolg.**

*Von Hans-Jürgen Schlamp, Rom*

Tief unter Neapel liegt eine zweite Stadt, mit gigantischen Räumen und mehr als 80 Kilometern Straßen und Gassen. Die Griechen haben dort, lange vor Christi Geburt, Wasserspeicher angelegt. Die Römer haben weitergebaut. Die Neapolitaner haben in den Katakomben Waffen oder auch sich selbst versteckt, vor der Obrigkeit oder im Krieg vor den Bomben. Später haben sie vor allem ihren Müll in der Unterstadt entsorgt.

Inzwischen wird unten kräftig aufgeräumt. Etliche Kooperativen sind dabei, dort Meter um Meter sauber und sicher zu machen und für die Menschen von oben zu öffnen. Ein paar Dutzend junge Helfer haben dabei das gefunden, was in Neapel das Kostbarste ist: einen bezahlten Arbeitsplatz.

[...] Und alle, die dort arbeiten, glauben, dass sie Vorreiter für eine ähnliche Säuberung in der von der Mafia verseuchten Oberstadt sind. Denn die ist zwar wunderschön, aber vermutlich die gewalttätigste Stadt Italiens. Doch „Bellezza", Schönheit, so Vincenzo Porzio, einer der Sprecher der Unterwelt-Kooperativen, „kann das Böse heilen".

**„Babygangs" übernehmen die Macht**

Bislang ist „das Böse" oben allerdings wenig beeindruckt. Die Camorra, wie die Mafia in Neapel heißt, sei „ein Krebsgeschwür", klagte gerade erst der lokale Erzbischof, Kardinal Crescenzio Sepe. Eine Zeit lang habe man gedacht „es erfolgreich zu bekämpfen, indem man die Bosse, die Unter- und die Oberbosse verhaftet". Aber: „Das Geschwür wuchert weiter."

Schlimmer noch: Es befällt vor allem Jugendliche und sogar immer mehr Kinder. Die Verhaftungswelle der letzten Jahre habe zwar große Teile der alten Führungsschicht der Clans abgeräumt, deren Platz hätten nun aber die Kinder eingenommen, so Sepe. Ausgesetzt, allein auf sich gestellt, weder zu Hause noch in der Schule erzogen und oft auch von der Kirche verlassen, gebe es für sie nur noch „brutale Gewalt".

„Babygangs" werden die neuen, nicht selten von Minderjährigen geführten Clans oder Gruppen genannt. Oder auch, von vielen Einheimischen, „wilde Hunde". Sie seien „bis an die Zähne bewaffnet" und besessen davon, sich in sozialen Medien mit martialischen Waffen oder Mafia-Tattoos zu zeigen, auf denen Glaubensbekenntnisse prangen wie „Respekt, Treue, Ehre", heißt es in einem Bericht der Antimafia-Polizei DIA (Direzione Investigativa Antimafia). „Höchst gefährlich, ohne Skrupel und ohne Bremsen" seien sie – und viel gefährlicher als die älteren Camorra-Mitglieder, denn deren ohnehin karge Regeln gelten nicht mehr.

**Die Mafia bietet gut bezahlte Jobs**

Und nicht nur in den Kindergangs, überall in der kriminellen Szene Neapels nimmt die Zahl der Minderjährigen zu. Das liegt zum einen am stetigen Wachstum des Drogengeschäfts seit den Achtzigerjahren. Kinder werden gern als Drogenkuriere eingesetzt. Sie sind unauffällig und, sollten sie geschnappt werden, nicht strafmündig. [...]

Der Einsatzbereich ist längst über den Kurierdienst hinausgewachsen: Heute gibt es Achtjährige, die Kokain verpacken, 13-Jährige, die nachts dealen oder Waffen transportieren. Für die Kinder der Camorra-Familien ist das Alltag. Andere befinden sich im permanenten Überlebenskampf, die Väter sind arbeitslos oder im Gefängnis, die Mütter nicht selten Prostituierte. Schon mit zwölf Jahren hängt der Nachwuchs an Drogen.

Nur, wieso melden sich auch andere Jugendliche in großer Zahl bei den Gangstern und offerieren ihre Dienste? Jene, die einen Schulabschluss haben, die eine Lehrstelle finden könnten. Warum geht Neapels Jugend aus den Armenvierteln bei der Suche nach einem Job statt zum Arbeitsamt lieber zur Mafia? Ganz einfach: weil die Mafia Jobs hat, gut bezahlte obendrein.

**Kokainverkäufer gesucht: Bis zu 2000 Euro pro Woche**

Das ist überall in den Problemzonen Süditaliens so, in den Brennpunkten von Sizilien, Kalabrien und Apulien. Aber nirgendwo in Italien sei die Kriminalität so verbreitet wie in den Gettos von Neapel, heißt es. Eine präzise Statistik gibt es dafür nicht. Und das gilt nicht nur für die tristen Betonplatten-Landschaften weit draußen, wo Touristen nie hinkommen, weil es schon von Weitem nach Armut und Verbrechen riecht. Sondern auch für die „bunte Gegend“, wie Reiseführer Sanità nennen, mitten im alten Zentrum, seit 1995 Weltkulturerbe, mit der Basilika San Gennaro und denkmalgeschützten, aber verfallenden Barockpalästen.

Im Sanità-Viertel leben etwa 70.000 Menschen auf engstem Raum, viele Familien in dunklen Einraumwohnungen. Es gibt für alle Kinder eine Grundschule mit überfüllten Klassen, keine weiterführende Bildungseinrichtung, keine Kinderkrippe, kein Kino, keinen Sportplatz. Es gibt nur die Straße. Der Staat hat sich verabschiedet, lässt die Menschen allein.

Die meisten Erwachsenen und etwa drei Viertel der Jugendlichen dort haben keine Arbeit. Wer die Schule verlässt, sucht vielleicht sogar eine der raren Lehrstellen. Die meisten finden keine. Es gibt für sie, mit ihrer marginalen Schul- und keinerlei sonstiger Ausbildung, dafür oft mit problematischem Sozialverhalten, auch kaum Hoffnung auf Arbeit in anderen Bezirken oder anderen Städten. Nur die Camorra bietet ihnen Jobs, gut bezahlte dazu. Beim Verkauf von Kokain und Heroin auf der Straße kann man bis zu 2000 Euro pro Woche verdienen. Wer bereit ist zu schießen, noch mehr. Schon das Schmiere stehen an der Ecke bringt 200 Euro die Woche. Das lässt oft sogar jene schwach werden, die eine Chance auf Alternativen hätten.

So beginnt der fatale Weg der nächsten Generation: Die einen landen irgendwann im Gefängnis, die anderen womöglich auf dem Friedhof. 45 minderjährige Clan-Mitglieder wurden in den letzten 5 Jahren umgebracht.

[...]

Hans-Jürgen Schlamp, SPIEGEL ONLINE, 02.12.2017
https://www.spiegel.de/lebenundlernen/job/italien-jugendliche-gehen-zur-mafia-statt-zum-arbeitsamt-a-1180929.html

Der Trailer ist online zugänglich (siehe Seite 1)

**Dopo aver visto il trailer del film "Paranza" ti chiedi se la storia del film è basata sulla realtà. Su Internet trovi l'articolo dello "Spiegel". Scrivi un messaggio al tuo amico italiano nel quale gli chiedi se ha visto il film e gli racconti ciò che hai letto nell'articolo.**

# 3. Textproduktion (Produzione scritta)

## Definition

### 1. Reorganisation oder Analyse

#### > Das Ziel der Reorganisations- und Analyseaufgabe: was wird verlangt?

Sie zeigen, dass Sie in der Lage sind, bekannte Sachverhalte (die im Unterricht der Kursstufe behandelt worden sind) unter neuen Fragestellungen eigenständig zu erklären, zu verarbeiten und sprachlich angemessen darzustellen. Außerdem stellen Sie Ihre Fähigkeit unter Beweis, Gelerntes selbstständig auf vergleichbare Gegenstände zu übertragen.

#### > Auf welche Textvorlagen kann sich die Reorganisations- und Analyseaufgabe beziehen?

Den Reorganisations- und Analyseaufgaben liegt generell ein Text im Sinne des erweiterten Textbegriffs zugrunde, d.h. es ist mit kontinuierlichen (Fließtexte aller Art) und diskontinuierlichen Texten (z.B. Fotos, Bilder, Grafiken, Statistiken, Diagramme) zu rechnen.

#### > Was können mögliche Aufgabenstellungen in den Reorganisations- und Analyseaufgaben sein?

1. Analyseaufgaben zu dem bzw. den fremdsprachlichen Ausgangstexten bzw. zum Schwerpunktthema des Abiturs
2. Analyse eines oder mehrerer weiterer Texte, die in Bezug zum fremdsprachlichen Ausgangstext bzw. zum Schwerpunktthema des Abiturs gesetzt werden sollen
3. Erörterung eines oder mehrerer Thesen aus der fremdsprachlichen Textvorlage bzw. aus einer weiteren Textvorlage

### 2. Kommentar oder gestaltende Interpretation

#### > Das Ziel des Kommentars bzw. der gestaltenden Interpretation: was wird verlangt?

Sie zeigen, dass Sie in der Lage sind, zu komplexen Sachverhalten argumentativ Stellung zu beziehen oder diese wertend und gestaltend so zu verarbeiten, dass Sie am Ende Ihrer Ausführungen zu einer selbstständigen Lösung oder Interpretation gelangen. Weiterhin wird von Ihnen erwartet, dass Sie bekannte Sachverhalte und zuvor Gelerntes auf vergleichbare neue Situationen übertragen können und dabei selbstständig sprachlich agieren.

#### > Anhand welcher Themenkomplexe und möglicher Textvorlagen soll der Kommentar oder die gestaltende Interpretation angefertigt werden?

Mögliche Textvorlagen können sowohl kontinuierliche als auch diskontinuierliche Texte sein; es ist auch möglich, dass die Aufgabe ohne Textvorlage zu bearbeiten ist. Die Aufgaben beziehen sich auf einen Bereich des Schwerpunktthemas oder ein anderes Thema aus dem Bereich der (inter-)kulturellen Kompetenz.

#### > Was können mögliche Aufgabenstellungen im Kommentar und in der gestaltenden Interpretation sein?

Möglich im **Kommentar** sind
- argumentative Stellungnahmen
- die kritische Auseinandersetzung mit verschiedenen Thesen

In der **gestaltenden Interpretation** sind folgende Aufgabenformate denkbar:
- das Verfassen eines Briefes, Tagebucheintrags, Dialogs, Interviews oder dergleichen
- das Schreiben einer Fortsetzung oder eines alternativen Schlusses zu einem literarischen Werk oder dergleichen

## Strategien

(gelten sowohl für die Aufgaben zur Reorganisation und Analyse als auch für die Aufgaben zum Kommentar und zur gestaltenden Interpretation)

1. **Lesen Sie die Aufgabe sorgfältig durch.**
   Sofern Sie eine Wahlmöglichkeit haben, entscheiden Sie sich für eine Aufgabe, die Sie in der Folge bearbeiten möchten. Lassen Sie sich für den Entscheidungsprozess genügend Zeit, überlegen Sie kurz, was Ihnen zu welcher Aufgabe einfällt.

Die Liste der Operatoren finden Sie online (siehe Seite 1)

2. **Achten Sie genau auf den Operator.**
   Er gibt Ihnen vor, was bei der jeweiligen Aufgabe zu tun ist.

3. **Machen Sie Ihr weiteres Vorgehen von der Art der zu bearbeitenden Textvorlagen abhängig.**
   Kürzere kontinuierliche Texte (z.B. Zitate, Slogans, Statements) und diskontinuierliche Texte (z.B. Fotos, Bilder, Grafiken, Statistiken, Diagramme) erfordern jeweils eine andere Herangehensweise als längere kontinuierliche Texte (z.B. Berichte, Reportagen, Interviews, Auszüge aus literarischen Werken).

4. **Bei kürzeren kontinuierlichen Texten oder diskontinuierlicher Texten entfällt logischerweise die Lektürephase.**
   Sie können sofort damit beginnen, der Aufgabenstellung gemäß (vgl. Punkt 2) Ideen zu sammeln.

5. **Bei längeren kontinuierlichen Texten, lesen Sie diesen zunächst aufmerksam durch.**
   Halten Sie sich nicht an etwaigen unbekannten Wörtern auf. Erschließen Sie die Gesamtaussage des Textes.

5a) **Lesen Sie dann den Text ein zweites Mal aktiv durch.**
   Unterstreichen Sie dabei – gegebenenfalls mit unterschiedlichen Farben – diejenigen Informationen, die für die Bearbeitung der Aufgabe relevant sind.

5b) **Lassen Sie sich von unbekannten Wörtern im Text nicht abschrecken.**
   Falls sich unbekannte Wörter, die für das Textverständnis absolut zwingend erforderlich sind, nicht erschließen lassen (z.B. durch den Kontext oder andere Ihnen bekannte Worterschließungstechniken), schlagen Sie diese (und nur diese!) im Wörterbuch nach.

6. **Wenn Sie den Text verstanden haben, fangen Sie mit der Ideensammlung an.**
   Schreiben Sie in einer ersten Phase des Brainstormings zunächst alles auf, was Ihnen mit Blick auf die Aufgabenstellung einfällt. Hierzu können Sie entsprechend Ihrer Arbeitsgewohnheiten eine Liste oder ein Mindmap anfertigen.

7. **Notieren Sie Ihre Ideen so weit wie möglich gleich auf Italienisch.**
   Falls Ihnen der italienische Ausdruck nicht sofort einfällt, schreiben Sie den deutschen Begriff auf. Unterbrechen Sie in dieser Phase Ihren Gedankenfluss nicht wegen Formulierungs- oder Übersetzungsschwierigkeiten.

8. **Ordnen Sie in einem weiteren Schritt Ihre Gedanken bestimmten Aspekten des Themas (z.B. pro / contra) zu.**
   Entscheiden Sie dann, in welcher Reihenfolge Sie Ihre Argumente einsetzen möchten und wie Sie Ihren Text gliedern möchten.

9. **Gehen Sie Ihre nun geordnete Stoffsammlung nochmals durch.**

Fügen Sie gegebenenfalls neue Ideen hinzu, verwerfen Sie Gedanken, die sie mittlerweile nicht mehr für relevant halten. Gleichen Sie Ihre Stoffsammlung zur Sicherheit noch einmal mit der Aufgabenstellung (Operator!) ab.
Falls noch Wörter und Ausdrücke auf Deutsch in Ihrer Sammlung stehen, übertragen Sie sie jetzt ins Italienische bzw. überlegen Sie sich eine passende Umschreibung, falls Ihnen das italienische Wort partout nicht einfällt.

10. **Versuchen Sie Zeit zu sparen.**
Angesichts der knappen Zeit erscheint es nicht ratsam, den gesamten Text als Konzept vollständig zu formulieren. Notieren Sie sich für die einzelnen Teile Ihrer gegliederten Stoffsammlung (z. B. Einleitung, Hauptteil, Schluss) (vgl. Punkt 7) passende Strukturwörter.

11. **Denken Sie vor dem Abfassen Ihres Textes an grammatische Strukturen, auf die Sie besonders achten wollen**
z.B. den *congiuntivo*, die Struktur konditionaler Satzgefüge oder die Zeitenfolge bei der indirekten Rede.

12. **Fassen Sie nun Ihren Text komplett auf Italienisch ab.**
Orientieren Sie sich dabei zum einen an Ihrer gegliederten Stoffsammlung (vgl. Punkt 8) und zum anderen an Ihrer Redemittelliste (vgl. Punkt 10) orientieren.

13. **Lesen Sie Ihren Text nochmals durch.**
Achten Sie dabei speziell auf diejenigen grammatischen Strukturen, die Sie besonders in den Blick nehmen wollten (vgl. Punkt 11), aber auch auf mögliche andere Fehler. Korrigieren Sie, wo nötig.

14. **. . . und am Ende?**
Gönnen Sie sich einen Augenblick Ruhe und lesen Sie den gesamten Text anschließend noch einmal durch.

## Teilkompetenz: eine strukturierte Zusammenfassung schreiben

# Molti giovani in Italia sono a rischio povertà, per questo aumentano i "mammoni"

I giovani italiani sono mammoni, o come si soleva dire qualche anno fa "bamboccioni". Puntuale come un orologio svizzero, anche quest'anno molti giornali italiani hanno pubblicato l'articolo contro i mammoni che dopo la maggior età vivono ancora a casa, confrontando il dato con quello dei ragazzi di altri Paesi europei. Come ogni anno, il titolo degli articoli punta a far passare il solito messaggio denigrante per i giovani: in Italia i ventenni e i trentenni sono dei bamboccioni, preferiscono rimanere a casa a vivere con mammà e papà a differenza dei colleghi europei. I dati diffusi dai media italiani sono stati estrapolati dal recente rapporto diffuso da Eurostat. Eurostat sottolinea come dopo «un *lieve calo* nel 2016 tornano a crescere i mammoni, soprattutto maschi: in Italia i giovani tra i 18 e i 34 anni che nel 2017 vivevano a casa con i genitori erano il 66,4% del totale (65,8% nel 2016). A livello europeo è il dato più alto, dopo Croazia, Malta e Grecia, a fronte di una media Ue al 50%».

«A lasciare con difficoltà la casa dei genitori sono soprattutto i maschi: tra i 18 e i 34 anni i giovani italiani che dichiarano di vivere a casa con mamma sono il 72,7% del totale (56,2% in Europa a 28) contro il 59,8% delle femmine nella stessa fascia di età (43,5% in Europa). La percentuale è in crescita soprattutto nella fascia tra i 25 e i 34 anni: per gli uomini l'aumento è dello 0,7 (dal 57,2% al 57,9%) mentre per le donne l'aumento è di 0,3 punti (dal 40,3% al 40,6%). La Spagna si avvicina al dato italiano con il 42,8% dei giovani tra i 25 e i 34 anni a casa con i genitori (49,1% tra gli uomini). La distanza dal resto dell'Europa aumenta per la fascia tra i 25 e i 34 anni, quella nella quale si dovrebbero aver terminato gli studi per cominciare a lavorare: vive ancora a

casa il 49,3% dei giovani a fronte del 30,6% medio in Ue (3,2% in Danimarca e 4,7% in Finlandia). E se in Italia tra i 25 e i 34 anni vive con i genitori quasi un giovane su due, la percentuale è del 14,9% nel Regno Unito, del 13,5% in Francia e del 17,3% in Germania mentre nei Paesi del Nord Europa si resta al di sotto o poco sopra il 10% (Svezia al 6%, Olanda all'11,4%)».

Sono dati falsi? No, ci mancherebbe, i dati Eurostat sono veri e verificati, è la narrazione dei media italiani il problema. Diffondere un dato del genere senza contestualizzare la situazione e senza spiegare per quale motivo in Italia ci sono così tanti giovani ancora a casa con i genitori è metodologicamente sbagliato, soprattutto titolare l'articolo "aumentano i mammoni italiani" suggerisce nemmeno troppo velatamente che tipo di interpretazione il lettore dovrà dare alla notizia: in Italia troppi bamboccioni, i nostri ragazzi stanno a casa perché amano le comodità e vogliono farsi mantenere da mamma e papà.

Come abbiamo spesso spiegato in passato, sicuramente in Italia ci sono moltissimi giovani che rimangono a casa con i genitori, sicuramente la percentuale è molto più alta della media europea, ma questa situazione scaturisce da motivi ben precisi, che andrebbero correttamente riportati, spiegati e analizzati. E quali sarebbero questi motivi? Economici, tanto per cominciare: i giovani italiani non solo sono decisamente meno "ricchi" di quanto lo fossero i genitori alla stessa età, inoltre i salari medi per la fascia under 34 sono decisamente più bassi di quelli percepiti dai coetanei europei. Non dimentichiamo, poi, il tasso di disoccupazione, che in Italia è più alto della media europea, soprattutto per quanto riguarda il segmento giovanile under 25 (in Italia sfonda quota 32% contro una media Ue del 16,9%).

Come evidenziato, ad esempio, dalla ricerca "Poorer than their parents? Flat or falling incomes in advanced economies", condotta dal McKinsey Global Institute, «in Europa occidentale scontiamo ancora gli effetti della crisi finanziaria del 2008, che ha portato alla recessione più grave e duratura dal dopoguerra» e «le politiche di rigore nella gestione della spesa pubblica adottate in risposta alla crisi, con l'aumento della pressione fiscale e la riduzione dei piani di welfare, hanno ulteriormente aggravato la situazione in alcuni Paesi, e fra questi l'Italia». Se prima della crisi, nel 2007, quasi il 39% dei nuclei con capofamiglia sotto i 35 anni erano classificati nel 40% della popolazione con i redditi più alti, ora la percentuale è scesa di sei punti, mentre è aumentata dal 24% a oltre il 29% la percentuale di famiglie di giovani che fanno parte del 20% con gli stipendi più bassi. Stando alle ultime rilevazioni, in media le famiglie degli under 35 guadagnano poco più di 26mila euro netti all'anno, contro gli oltre 35.400 dei 55-64enni, ovvero il 36% in meno.

Secondo Eurofound, in Italia negli anni 2011-2016 l'occupazione è cresciuta quasi solamente grazie all'aumento dei lavori meno pagati, del primo quintile. Per fare un esempio, in Germania, fino al 2013 è cresciuta soprattutto l'occupazione nel secondo quintile (salari bassi, ma non i più bassi in assoluto), ma nei tre anni successivi sono stati creati 600mila posti a stipendio alto, del quinto quintile, contro circa 180mila nel primo.

Di divario generazionale esistente in Italia parlò anche un rapporto di Bankitalia del 2015: «L'indebolimento, dagli anni Novanta, dell'economia italiana ha gravato in particolare sui più giovani: sono aumentate le opportunità di ingresso nel mercato del lavoro, ma le carriere lavorative sono diventate più intermittenti e i livelli retributivi iniziali inferiori a quelli dei coetanei di generazioni precedenti, nonostante il più alto livello di istruzione. Secondo i dati dell'Inps, tra la fine degli anni ottanta e l'inizio del decennio scorso, la retribuzione settimanale d'ingresso è diminuita, in termini reali, di circa un quinto; il calo non è stato accompagnato da progressioni retributive più rapide».

Nel marzo del 2016 un'inchiesta del quotidiano *The Guardian* ha rivelato che in Italia tutte le fasce d'età dai 20 ai 44 anni hanno redditi sotto la media nazionale, mentre le uniche ad aver migliorato la loro condizione rispetto al 1986 sono le fasce dai 50 ai 79 anni. Inoltre, stando ai rilievi di *The Guardian*, in Italia gli under 35 sono con gli anni via via diventati in media più poveri dei pensionati under 80.

Insomma, se i mammoni aumentano in Italia un motivo c'è ed è prettamente economico: i giovani italiani sono poveri, molto più poveri dei colleghi europei, hanno meno possibilità professionali e a parità di ruolo stipendi di gran lunga inferiori, che difficilmente permettono al lavoratore under 35 di rendersi realmente indipendente.



Annotazioni
2 **solere** usare – 10 **far passare** *qui:* trasmettere – 11 **denigrante** diffamatorio – 18 **lieve** leggero – 19 **il calo** il declino – 56 **ci macherebbe** esclamazione con cui ci si augura non avvenga quello che si teme („das fehlt ja noch!") – 66 **velatamente** di nascosto – 77 **scaturire** *qui:* avere origine – 97 **scontare** *qui:* subire le conseguenze – 115 **la rivelazione** Erhebung – 134 **gravare su** *qui:* pesare – 138 **intermittente** unregelmäßig, wechselnd – 139 **retributivo** auf das Gehalt bezogen – 142 **Inps** Istituto Nazionale della Previdenza Sociale *einer der wichtigsten Sozialversicherungsträger Italiens* – 161 **prettamente** unicamente

**Riassumi la situazione dei giovani italiani secondo l'autrice dell'articolo, Charlotte Matteini.**

**Schritt 1**
Lesen Sie den Text aufmerksam durch und unterstreichen Sie die zentralen Informationen / Schlüsselwörter.

**Schritt 2**
Notieren Sie sich die wichtigsten Informationen in eigenen Worten.

**Schritt 3**
Schreiben Sie einen Einleitungssatz, der Titel, ggf. Autor und Quelle enthält: Worum geht es?

**Schritt 4**
Formulieren Sie Ihren Text aus.
- Fassen Sie kurz die wichtigsten Informationen zusammen (keine Details, keine eigene Meinung).
- Verwenden Sie passende Struktur- und Verbindungswörter (Konnektoren).

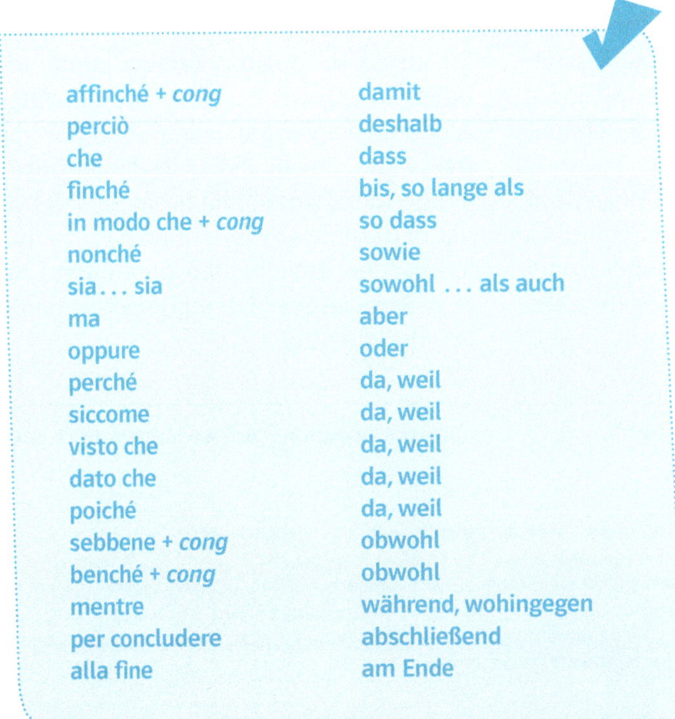

| | |
|---|---|
| affinché + *cong* | damit |
| perciò | deshalb |
| che | dass |
| finché | bis, so lange als |
| in modo che + *cong* | so dass |
| nonché | sowie |
| sia ... sia | sowohl ... als auch |
| ma | aber |
| oppure | oder |
| perché | da, weil |
| siccome | da, weil |
| visto che | da, weil |
| dato che | da, weil |
| poiché | da, weil |
| sebbene + *cong* | obwohl |
| benché + *cong* | obwohl |
| mentre | während, wohingegen |
| per concludere | abschließend |
| alla fine | am Ende |

# 2 Ambiente

## Teilkompetenz: Informationen sinngemäß und kohärent wiedergeben

### Ambiente: giovani italiani convintamente "green"

La salvaguardia del patrimonio naturale del pianeta è uno dei temi che sta più a cuore ai giovani italiani. Esiste un ampio convincimento del valore comune che esso rappresenta, ma anche dei rischi legati all'impatto dei cambiamenti climatici, in larga parte prodotti dai nostri comportamenti. L'81,8% si dice disposto a cambiare le proprie abitudini per ridurre l'impatto dei cambiamenti climatici sul pianeta, mentre l'82% dichiara di essere disponibile a ridurre al minimo gli sprechi (dall'acqua alla luce, dalla plastica al cibo).

È quanto emerge da una indagine condotta dall'Osservatorio giovani dell'Istituto Giuseppe Toniolo, con il sostegno di Fondazione Cariplo e di Intesa Sanpaolo, su un campione di 2000 giovani nati tra il 1982 al 1997.

Il tema è molto caldo. I recentissimi dati pubblicati dal Global Carbon Project (GCP) sono allarmanti. Nel 2018 si è toccato il record di emissioni di CO2 nel pianeta e anche le previsioni per il 2019 sono fosche. Contrastare l'aumento del riscaldamento globale è possibile ma esiste un divario ancora troppo ampio, secondo tale rapporto, tra ciò che facciamo e ciò che dovremmo fare.

Cosa ne pensano le nuove generazioni italiane? I dati dell'indagine dell'Istituto Giuseppe Toniolo mostrano come ci sia un'ampia consapevolezza: secondo la grande maggioranza degli intervistati la qualità del futuro del pianeta è strettamente legata alla responsabilità di ciascuno di noi, non solo dall'operato dei governi.

Dall'indagine, infatti, emerge che il 70 % cerca di scegliere prodotti di aziende impegnate nella salvaguardia dell'ambiente ed ancora l'85,35% si impegna nel fare la raccolta differenziata dei rifiuti. Altro aspetto molto interessante è anche l'alto senso di responsabilità percepito su questo tema dai giovani italiani, infatti oltre il 59% è convinto che la salvaguardia dell'ambiente investa direttamente ogni singolo cittadino.

**Secondo te, il cambiamento climatico è causato da processi naturali, dall'attività umana o da entrambi?**

| | |
|---|---|
| Solo da processi naturali | 1,7 |
| Soprattutto da processi naturali | 4,0 |
| In misura più o meno uguale da processi naturali e dall'attività umana | 33,3 |
| Soprattutto dall'attività umana | 45,0 |
| Solo dall'attività umana | 11,3 |
| Non penso che il clima stia cambiando | 4,7 |
| **Totale** | 100 |

L'interesse sul tema dell'ambiente emerge dall'indagine del Toniolo in modo molto chiaro: difficile trovare un argomento sul presente e futuro collettivo in grado di raccogliere un riconoscimento così trasversale, non solo sulla sua importanza, ma anche – come già sottolineato – sulla necessità di impegnarsi in prima persona.

Il sondaggio evidenzia come la grande maggioranza si dichiari sensibile e attenta (con il 49% che lo è «molto»), mentre i disinteressati sono meno del 15%. Per oltre la metà degli intervistati l'inte-

| Nel confronto con gli abitanti degli altri Paesi europei tu diresti che relativamente alla questione ambientale gli italiani sono... | |
|---|---|
| MENO ATTENTI | 51,5 % |
| UGUALMENTE ATTENTI | 20,4 % |
| PIÙ ATTENTI | 16,5 % |
| NON SAPREI | 11,6 % |

resse è aumentato negli ultimi anni. C'è, però, anche la convinzione che bisognerebbe poter fare molto di più, soprattutto nel nostro Paese. Per oltre la metà degli intervistati (il 51,5%) in Italia c'è meno attenzione nel dibattito pubblico verso la questione ambientale.

Ma emerge anche come gli stessi giovani debbano affrontare un gap di conoscenza: meno di uno su quattro si tiene informato in modo sistematico e non solo occasionale. A sapere molto bene cos'è lo sviluppo sostenibile è poco più del 10% dei giovani. Infine, oltre l'80% è poco attratto dalle associazioni oggi attivamente impegnate su questi fronti.

"La Conferenza delle Nazioni Unite sul clima recentemente svolta a Katowice (Cop24), più che per i timidi impegni presi dai Paesi partecipanti verrà ricordata per il coraggioso atto d'accusa rivolto alla classe politica mondiale dalla quindicenne attivista Greta Thunberg" commenta Alessandro Rosina, coordinatore dell'indagine. "Non si tratta di ideali o principi astratti. Da un lato c'è una preoccupazione concreta che deve trasformarsi in una consapevolezza più ampia di quanto il futuro dipenda dalle scelte del presente. Dall'altro c'è la sfida a guardare e gestire come opportunità le trasformazioni del proprio tempo, all'interno di un nuovo modello di sviluppo (sostenibile e basato su un concetto più articolato di benessere) che può vedere le nuove generazioni protagoniste".



Annotazioni
1 **la salvaguardia** la protezione – 4 **il convincimento** la convinzione – 6 **l'impatto** l'influsso – 19 **su un campione di** stichprobenartig befragt – 26 **fosco** deprimente – 26 **contrastare** opporsi a – 38 **l'operato** il comportamento – 54 **il collettivo** Gemeinschaft – 56 **trasversale** übergreifend

Esponi le idee principali del testo.

## 3 Integrazione

### Teilkompetenz: literarische Texte analysieren, interpretieren und kommentieren

### Muin Masri – *Estraneità*

Roberta si sente al settimo cielo; ha trovato il suo principe azzurro, l'uomo della sua vita! Nonostante la giovane età non credeva più alle favole e non perché sia cinica o pessimista, ma per colpa dei suoi ex fidanzati che le hanno fatto cambiare idea sugli uomini. Ma questa volta è diverso, finalmente il suo cuore ha cambiato battito, ora le sembra di sentirlo danzare al ritmo di una dolce musica e, come tutte le ragazze alla prima esperienza, non vede l'ora di raccontarlo a qualcuno. E che c'è di meglio delle amiche? Prende il telefonino e fa il primo nome in rubrica: Anna.

"Pronto? ... Ciao... come mai sei così di fretta? Che palle questo derby! Va bene, ci sentiamo domani". Dice a se stessa: "Le amiche non ci sono mai quando servono, uffa! Provo con Chiara, sfigata e mezza suora, ma almeno le piace ascoltare". "Pronto? ... Ciao Cipollina, sei sola? Anch'io al momento sono sola e ho una voglia matta di parlare con qualcuno: ho paura di impazzire dalla gioia... È bellissimo! Ti ricordi la prima volta che l'abbiamo visto insieme, in quel negozio di abbigliamento? Stava provando una camicia di jeans, anzi, l'avevi notato tu per prima e quasi quasi mi spaccavi una costola per farmelo vedere! Sai, non te l'ho mai detto, ma quella volta avevo pensato tra me e me: "sarà mio", giuro! Incredibile, non ti sembra? ... Era più sogno che desiderio questo mio pensiero, e, ti dico di più, è la prima volta che un sogno si realizza, anzi, lo sto vivendo e non ho la minima voglia di svegliarmi... pensi che stia esagerando? Cioè, voglio dire, pensi che stia correndo troppo? No, dimmelo tanto tu mi conosci meglio di chiunque altro e io sicuramente non mi offendo... scema! ... Non lo so, con lui è tutto così veloce, strano, fantastico direi, forse ho preso una cotta per lui e sinceramente sono felice così. È diverso dagli altri, non è come Luca, Maurizio o Gianni, loro mi facevano soffrire troppo, troppe seghe mentali, troppi dubbi e perplessità... sì, con Gianni pensavo di aver trovato il mio principe azzurro, ma in realtà era un mammone, non gli piaceva questo o quello dei miei amici, aveva sempre qualcosa da ridire ed era fissato con lo sci! Tutti i fine settimana dovevamo andare in montagna... ti pare? Io mi facevo bella e lui mi parlava di Tomba oppure non so, come si chiama quel norvegese... mi ha fatto venire due palle così! Dai, ti sembra normale?! Comunque ti stavo dicendo che lui è colto, tenero, educato, e soprattutto autonomo: niente mamma, niente papà, o chissà chi. È preciso e nota tutto di me... pensa che l'altro giorno si è accorto perfino del mio nuovo profumo, pazzesco! ... ascolta, mica ti sto stufando? No? Dimmelo, possiamo cambiar discorso... comunque lui mi tratta come se fossi una principessa. Ecco, se veramente dovessi trovare un difetto in lui direi proprio questo: mi tratta come se fossi una cosa che gli appartiene... come dire... non come un oggetto, no, ma come una bambina preziosa, ecco... non so se ho reso l'idea. A ogni modo mi piace, sì, mi piace sentirmi bambina quando sono con lui, mi coccola, mi riempie di baci, mi racconta tante cose interessanti, al contrario di Luca che pensava solo a portarmi a letto e basta, roba da film porno...".

"No... no, non ancora, gli mancano solo due esami e la tesi e poi sarà il mio medico personale! ... Lo so che non è tanto giovane... è fuori corso da qualche anno... che vuol dire? Guarda che Medicina è tosta, mica come prendere il diploma da ragioniere... scusami, scusami, non volevo offenderti...". "Ehi, mi stavo dimenticando, non ti ho ancora detto... sai cosa abbiamo deciso? Che scema che sono, certo che non lo sai ancora! Dunque abbiamo deciso di andare a vivere assieme! Non sempre, solo il fine settimana, per conoscerci meglio, così abbiamo anche tutto il sabato sera per noi, niente fretta di tornare a casa dai miei, che, detto tra noi, mi stanno rompendo. Specialmente la mamma. Sai che cosa mi ha detto? Che secondo lei sto crescendo troppo in fretta e che dovrei riflettere a fondo prima di fare certe scelte, ma ti sembra giusto? No, dai, non sa cosa dirmi allora spara solo cazzate. Non la sopporto più! Secondo me è anche un po' gelosa, non sto scherzando... comunque, sai la cosa più bella? È bravo anche a cucinare, cucina bene, ma proprio bene, due tre piatti ma sono la fine del mondo! L'altra sera mi ha preparato un piatto tradizionale di casa sua: carne, patate e pomodoro, è squisito! Era un po' piccante però da leccarsi le dita... no, non gli importa che io non sappia ancora cucinare, ha detto che dovrei comprare qualche libro di cucina e fare qualche prova... eh, mi sa proprio che lo amo. Forse "amore" è una parola troppo grossa, ma mi sa che sono innamorata... cosa? Nooo! Non cambi mai, eh? Certo che ce l'ha diverso, è circonciso... ma dai, cosa vuoi sapere di più? No, non è più lungo, direi forse più grosso... no, adesso non posso parlare, c'è la mamma che sta girando come una mosca, facendo finta di lavorare, te l'ho detto che mi sta rompendo... sì, anche secondo me non hanno digerito bene che sto con un extracomunitario. Cosa vuoi, non sono mai usciti dal Paese e vedono e leggono certe cose sugli stranieri... si sono fatti un'idea tutta loro... senti questa che è bella: quando ho detto alla mamma che esco con un palestinese, sai quale è stata la sua reazione? Tutta perplessa mi ha chiesto: ma non è mica un negro? Ma pensa te... roba da ridere o da piangersi addosso... cosa vuoi, non sanno neanche quel che c'è sull'altra sponda del Po... comunque è la mia vita e io voglio viverla come mi pare, ti sembra? ... ascolta Cipollina, secondo te dovrei mettermi a dieta? Mi sento un po' grassa sui fianchi e non mi va di fare sport, ne ho la nausea da quando stavo con Gianni, su e giù con gli sci... che dici, magari vado in qualche centro. Mia cugina Serena mi ha parlato bene di Eliana Ponti, magari ci vado... no, lui è contento di come sono fatta però io vorrei sentirmi più bella, più soddisfatta del mio aspetto, capisci? Non posso permettere che la passione si allenti! Sai, parlando a letto l'altra volta mi ha detto che probabilmente tornerà al suo Paese dopo gli studi e io non voglio che mi scappi... no, è troppo complicato seguirlo fin laggiù, non ci vivrei mai, mi sembrano così diversi da noi. E poi io sono innamorata di lui, mica del suo Paese! Ma cosa vuol dire, dai... domani ci sarà il grande evento, viene a mangiare per la prima volta dai miei, via il dente, via il dolore come si dice. Non vedo l'ora di farglielo conoscere così mi sento più libera... speriamo bene". "Certo che no cara Cipollina, ti conosco bene e io sono gelosa del mio cappuccino! Magari un'altra volta possiamo combinare una pizza tutti assieme, ma mi raccomando, eh! Adesso vado che mi aspetta, andiamo a fare un giro in bici attorno al lago. Te l'avevo detto, no? È romantico e mi fa impazzire con quel suo italiano alla Falcao... Bacioni!"

Muni Masri, *Estraneità*, in *Amori bicolori*, © Laterza, Roma, 2008

Annotazioni
7 **la rubrica** Adressbuch – 11 **la cipollina** Schnittlauch; hier als Kosename gebraucht – 15 **spaccare** *qui:* brechen – 23 **la sega mentale** Nervensäge – 27 **Tomba** *Alberto Tomba, ehemaliger italienischer Skirennläufer* – 41 **esser fuori corso** die Regelstudienzeit überschritten haben – 42 **tosto** hart – 48 **rompere** *qui:* auf den Geist gehen – 58 **circonciso** beschnitten – 67 **la sponda** Ufer – 73 **allentarsi** nachlassen – 78 **via il dente, via il dolore** *qui:* Augen zu und durch – 80 **il cappuccino** *qui:* Kosename für einen dunkelhäutigen Mann – 83 **Falcao** *kolumbianischer Fußballspieler*

1. Al telefono Roberta sta raccontando alla sua amica Chiara del suo principe azzurro. Riassumi il contenuto della telefonata. Evidenzia in le caratteristiche presenti nel testo tipiche di una conversazione telefonica tra giovani amiche.
2. Caratterizza Roberta basandoti sulle informazioni date nel testo.
3. Sempre partendo dalle informazioni fornite nel brano come vedi il futuro di Roberta e del suo ragazzo?

# 4 Emigrazione

## Teilkompetenz: nicht literarische Texte analysieren, interpretieren und kommentieren

**Annamaria Pozzobon, 51 anni, hotel manager, espatriata a Zanzibar:**
Mi chiamo Annamaria. Da tanti anni vivo e lavoro a Zanzibar. In patria ci torno una volta all'anno per le vacanze. In questi anni, la mia visione dell'Italia è cambiata. Vivendo lontano, posso valutare in modo più obiettivo le mie radici ed il mio essere italiana nel mondo.

Ovunque, a qualsiasi latitudine, la gente fabbrica luoghi comuni e pregiudizi nei confronti degli altri popoli. Come siamo visti, noi italiani, qui a Zanzibar? In genere, come persone simpatiche e socievoli – degli amiconi, insomma. Ed è davvero così: gli italiani, da queste parti, fanno amicizia con gli altri più facilmente, sono caciaroni e amano condividere. Sono anche molto generosi, a volte un po' troppo. È vero, parlano poco l'inglese, ma contano sul fatto che molte persone del posto padroneggiano l'italiano in modo quasi perfetto; alcuni, addirittura, con inflessioni milanesi o romane, e così via.
Di contro, molti miei connazionali si fanno notare per il loro carattere viziato, che mal sopporta i disagi e le difficoltà che derivano dal viaggiare. Questi italiani, ad esempio, pretendono di mangiare come a casa propria ovunque vadano, e si stupiscono quando gli altri non comprendono la loro richiesta. Ancora, parlano gesticolando, convinti che i movimenti delle loro mani siano universalmente compresi da tutti. Senza sapere che alcuni gesti, in altre parti del mondo, hanno un significato diverso, o addirittura opposto.
Ovviamente, ci sono italiani e italiani. Ci sono italiani che non si allineano agli stereotipi imperanti, pasta-pizza-mafia-mandolino. Italiani che prendono le distanze dall'Italietta dei furbi e dei corrotti e credono ancora nella meritocrazia. Italiani che si rimboccano le maniche per costruire un futuro migliore. Quel futuro che spesso, in patria, è stato loro negato.
Mi piace pensare che anche noi, donne che emigrano all'estero, facciamo parte di questa seconda categoria. Anche noi viviamo il viaggio come opportunità di crescita interiore, e cerchiamo tutti i giorni, con la nostra tenacia, con il nostro lavoro, di salvaguardare il buon nome dell'Italia all'estero.
A dispetto di tutto, non rinnego la mia patria: le mie radici restano profondamente italiane, e di questo vado fiera. Penso che l'Italia abbia ancora tante cose belle da offrire. È vero, a tempo debito sono fuggita dal mio paese: ma oggi, ripensandoci, provo una profonda nostalgia. Sarà il tempo che passa?
Ho avuto la fortuna di crescere in un paese che è a tutti gli effetti un'opera d'arte: un luogo che mi ha educata alla bellezza e alla cultura. Ringrazio per tutti i momenti che ho vissuto in patria, anche quelli difficili: sono state quelle difficoltà a farmi prendere la decisione di partire, di aprirmi al mondo, all'incontro con persone di altre culture. Mi sono messa in discussione, ho fatto miei nuovi valori, ho imparato a non dare mai nulla per scontato. Il viaggio è il dono più bello che la vita mi abbia fatto: è la mia ricchezza personale, nessuno potrà portarmela via.

AA. VV., *Donne che emigrano all'Estero – Storie di italiane nel Mondo*, Streetlib, 2016

Annotazioni
8 **caciarone** qualcuno che ama il caos, la confusione – 11 **l'inflessione** *qui:* l'accento – 19 **imperante** prevalente – 24 **la tenacia** la perseveranza – 34 **dare per scontato** considerare assolutamente certo qualcosa anche se deve ancora avvenire

1. Esamina come Annamaria Pozzobon vede gli italiani e l'Italia e analizza il ritratto che ne fa.
2. Basandoti su esperienze personali (per esempio un viaggio in Italia, uno scambio scolastico con l'Italia) come vedi tu gli italiani e l'Italia? Su cosa sei d'accordo con Annamaria Pozzobon? Su cosa meno? Giustifica la tua risposta.

Teilkompetenz: unterschiedliche Positionen identifizieren, sie darstellen und nach Abwägung dieser Argumente einen eigenen Standpunkt begründen

**DONNA MODERNA** 15.04.2019

# Smartphone in gita e a scuola: sì o no?

[...]

Smartphone e sicurezza: le polemiche non finiscono mai. I riflettori si accendono ciclicamente su questo accessorio ormai indispensabile per la sicurezza in certi casi [...], evitabile in altri [...]. E mentre la scienza ne dimostra gli effetti nocivi sulla salute, Papa Francesco, con tempismo involontario, esorta proprio i giovani a usare questi strumenti con cautela.

[...] In alcune scuole si è pensato di vietarli, anche se molti docenti e la maggioranza dei genitori è contraria. Di certo i cellulari sono compresi nelle lezioni scolastiche. Quindi è giusto portali nelle aule? Possono essere d'aiuto nella didattica o contribuiscono solo a distrarre (o peggio ancora, a diventare strumenti di bullismo)?

Ecco cosa prevede la legge e cosa ne pensano gli esperti.

**Divieto in classe: la proposta**

La Francia di recente li ha vietati per legge, l'Italia potrebbe seguirne l'esempio perché una proposta di legge in discussione alla commissione Cultura della Camera prevede di vietare "l'utilizzazione dei telefoni mobili e degli altri dispositivi di comunicazione elettronica da parte degli alunni all'interno delle scuole". [...]

Ma come funziona oggi nelle aule scolastiche? Chi decide se il cellulare è ammesso in classe? Un'integrazione Testo Unico sull'Istruzione (D.Lgs. 1994/297) prevede già adesso che tutti i telefonini e altri device personali, compresi quelli dei docenti, non possano essere usati durante l'attività didattica.

**Il decalogo sull'uso in classe**

Come ricorda Skuola.net, sito frequentatissimo dagli studenti [...], un decalogo [è stato realizzato] per chiarire le modalità d'uso degli smartphone a scuola [...]. "Da un punto di vista normativo e giuridico il decalogo è solo una comunicazione, pubblicata tuttora sul sito del MIUR, ma non è un documento ufficiale [...]. Vale, quindi, come riferimento culturale. Va tenuto presente che dal 2000 c'è l'autonomia scolastica, che va salvaguardata." spiega [...] Antonio Fini, dirigente scolastico e membro della Commissione che ha redatto il decalogo stesso. "Vanno poi tenuti presenti due aspetti: il primo è che con gli adolescenti e i preadolescenti, vietare porta raramente a risultati in termini educativi; il secondo è che secondo i dati Eurostat l'Italia è all'ultimo posto tra i Paesi nei quali le competenze digitali si apprendono a scuola. Significa che non è in classe che si apprendono le conoscenze di questi strumenti" aggiunge Fini.

Ora il nuovo titolare del MIUR, Marco Bussetti, sembra essere possibilista: "L'utilizzo dei device per quanto riguarda la didattica è fondamentale e quindi sono a favore al loro uso ma soprattutto ho fiducia nei nostri studenti. Credo molto nel loro senso di responsabilità sull'uso consapevole di questi strumenti ai fini di un migliore apprendimento. Condanno invece in maniera decisa l'uso per altri fini".

**Il rischio "dipendenza" è reale**

Gli studi mettono in guardia dal rischio "dipendenza", accennato anche da Papa Francesco: "L'uso di smartphone ha effetti neuropsicologici dimostrati. Le ricerche ci dicono che viene toccato almeno 1.200 volte al giorno dagli adolescenti, che giorno e notte mandano sms, filmati e chattano" spiega Ernesto Burgio [...], membro del Consiglio scientifico ECERI, European Cancer and Environment Research institute. "Questo significa che viene continuamente attivato il circuito della dopamina, lo stesso delle droghe, e che viene stimolato il sistema della ricompensa esattamente come accade con qualsiasi sostanza dopante. Il risultato è una dipendenza dopaminergica negli adolescenti che si prolunga per tutto il giorno: è come se permettessimo ai ragazzi di essere "drogati" sotto i nostri occhi. Questo preoccupa soprattutto per i rischi di aumento dei disturbi di ansia, umore, depressione e dipendenza per quanto riguarda il giorno. Mentre di notte, i disturbi del sonno sono sempre più frequenti a causa della luce blu degli smartphone che tiene attivo il circuito della dopamina anche 4, 6 o 10 volte più del normale".

Il cellulare è quindi da demonizzare?

**Gli aspetti positivi e l'uso consapevole**

"Il digitale ha due aspetti, uno positivo e uno negativo: dipende da come lo si usa. Ci sono alcuni progetti in corso per valutare il modo in cui rendere consapevoli i ragazzi, motivarli per imparare a usare bene questa tecnologia e questi strumenti, renderli una fonte di informazione importantissima quali sono, per aiutarli nello studio, nelle ricerche, per riconoscere le fake news, per difendere e difendersi dal dilagare dalla dipendenza dai social. Insomma, per trarne gli aspetti positivi" spiega Burgio.

**Come gli smartphone aiutano lo studio**

In cosa possono aiutare gli smartphone in classe? Non sono sufficienti i computer e le Lim (dove ci sono)? [...] "La Lim non è altro che l'evoluzione di una lavagna, dunque uno strumento di comunicazione collettiva e frontale: ci sono un insegnante che mostra e gli studenti che ascoltano. Certo è importante [...], ma i device personali, come notebook, smartphone e tablet, assolvono un'altra funzione: rendono il singolo studente più attivo. All'interno possiamo trovare di tutto: ad esempio, App per le materie scientifiche che possono permettere varie esperienze grazie ai sensori; oppure possono rappresentare strumenti per scrivere in modo collettivo un testo, o per accedere a libri o materiali multimediali. Al posto del vecchio laboratorio linguistico, per esempio, si può usare lo smartphone per ascoltare brani in lingua originale o per registrare i propri testi" spiega Fini: "Gli usi sono tanto vasti quanto quelli della carta e della penna, si devono affiancare e non sostituire, unendo più tecnologie".

**Chi e come usa lo smartphone a scuola**

Secondo il sondaggio di Skuola.net, nel 56% dei casi l'utilizzo dei device è permesso a fini didattici e controllato dai docenti, anche se non manca chi confessa di usarlo anche a scopi personali, per chattare o messaggiare, senza farsi vedere: il 16% chatta con gli amici, il 13% controlla i social network, il 12% naviga su Internet, il 4% cerca le soluzioni ai compiti in classe e un altro 4% semplicemente gioca. In un caso su dieci sono comunque gli insegnanti a cercare di impiegare gli smartphone, di cui già dispongono tutti gli studenti, per lezioni più "interattive" e meno frontali [...]. Il 47% degli studenti, però, riferisce che solo alcuni docenti sono favorevoli all'uso del cellulare per rendere più coinvolgenti le lezioni: in particolare, al 36% viene chiesto di accenderlo per approfondire le spiegazioni, mentre nel 13% dei casi i prof permettono l'uso di App durante lezioni e compiti in classe. Un altro 13% degli studenti dice di usare la tecnologia per prendere appunti e organizzare lo studio.

"I dati dell'osservatorio sulle competenze digitali in Europa mostrano che l'Italia è al quart'ultimo posto: dietro di noi ci sono solo Grecia, Bulgaria e Romania. Siamo lontani dai livelli di altri partner europei come la Germania o la Francia, per non parlare dei Paesi del Nord Europa, che rappresentano un altro mondo" spiega Antonio Fini.



Annotazioni

9 **il tempismo** Timing – 10 **esortare** incitare, invitare – 36 **D.Lgs** decreto legislativo – 50 **MIUR** Ministero dell'Istruzione, dell'Università e della Ricerca – 68 **il titolare** chi ricopre ufficialmente un incarico – 80 **mettere in guardia** invitare alla prudenza – 131 **Lim** lavagna interattiva multimediale – 155 **affiancare** aggiungere

**Esponi gli argomenti espressi nel testo in favore e contro l'uso degli smartphone a scuola. Qual è la tua posizione? Giustifica la tua risposta.**

**Dare la propria opinione**

Secondo me / Per me / A mio giudizio / A mio avviso / A mio parere / Dal mio punto di vista…

Credo / Mi sembra / Mi pare / Penso che / Sono del parere che / Sono dell'avviso che…

È mia opinione che…

Io personalmente non vedo nessun vantaggio…

Sono convinto/a di…

Trovo interessante / logico / ragionevole / sorprendente / straordinario / sensazionale / incredibile / impensabile / inconcepibile / senza precedenti / assurdo che…

Mi chiedo come / se…

Quello che mi colpisce è che…

Non penso…

Non riesco ad immaginarmi…

Sono d'accordo…

Non sono d'accordo…

Non sono dello stesso parere / dello stesso avviso…

Vedo importanti inconvenienti…

## Teilkompetenz: literarische Textvorlagen umgestalten (Perspektiv- oder Textsortenwechsel)

### Gabriele Clima – *Il sole fra le dita*

Dario non sapeva cosa ci facesse lì. Non aveva combinato granché stavolta, capirai, una maniglia rotta, con tutte le maniglie rotte che c'erano in quel liceo! Perfino quella dell'ufficio del preside in cui era appena entrato. Ma forse quegli idioti non se n'erano neanche accorti.

"Dario!" esclamò la Delfrati. Dario fece un balzo sulla sedia. "Il signor preside ti sta parlando. Mela marcia" aggiunse a mezza voce.

Mela marcia. La Delfrati sapeva come motivare i suoi studenti.

Ma a mela marcia Dario era abituato. La cosa che proprio non gli era andata giù era stato quello che gli aveva detto prima, in classe, e da cui poi era scoppiato quel casino. "Sei una mela marcia, Dario" gli aveva detto. "Lo sanno tutti, no? Anche tuo padre lo sapeva. È per questo che se n'è andato". Lo aveva detto davanti a tutti, a tutta la classe, così, come fosse niente. E Dario si era alzato, gli occhi stretti, i pugni stretti, e tutti avevano pensato che l'avrebbe colpita da come le braccia gli tremavano. Invece era andato alla porta ed era uscito, sbattendola con tanta forza che la maniglia era schizzata via come un tappo da una bottiglia di champagne.

"Dario" disse il preside. La sua voce era asciutta come sabbia. "Tu sai perché sei qui, vero?" Era una domanda? Non sembrava una domanda. "Sei qui perché è ora che ti assuma le tue responsabilità".

Dario gli guardò la fronte. L'attaccatura del parrucchino sporgeva dai capelli finti come una cucitura. Come la cerniera lampo nei vecchi film di Frankenstein. Sorrise, abbassò gli occhi.

"La cosa ti diverte?"

"No. Pensavo ad altro."

"Certo, come sempre. Non temere, ti lascio andare subito, non ho intenzione di farti la predica, non serve, l'ho capito. No, oggi ti ho preparato una sorpresa". Si alzò, si avvicinò alla finestra, guardò fuori con il mento alzato. "Non senti, nell'aria, che c'è qualcosa di diverso stamattina?" Tornò alla scrivania e levò un foglio da una cartellina. "Ecco qui" disse mettendoglielo sotto al naso. "Da oggi sei iscritto al Servizio di assistenza volontaria di questo istituto."

La Delfrati fece un risolino.

"Servizio di assistenza..." ripeté Dario.

"... volontaria" ribadì il preside. "Significa", si alzò, fece il giro della scrivania, "che da questo momento, e fino a data da definirsi, ti occuperai delle persone "meno fortunate" iscritte a questa scuola."

Dario gettò un occhio alla Delfrati. Stava ridendo come se avesse vinto alla lotteria.

"Cioè sarebbe... gli handicappati?"

"No, noi preferiamo dire portatori di handicap. È bene che impari questa parola, ne avrai bisogno d'ora in poi".

Dario non rispose. Il preside girò sui tacchi e tornò a sedersi.

"Sei un ragazzo intelligente. Sono sicuro che ci stupirai. Cominci da domani".

Fece un gesto con la mano e tornò alle sue carte.

Dario si alzò, andò alla porta.

"E, a proposito, ti avverto" aggiunse il preside senza alzare lo sguardo dalla scrivania. "Un altro colpo di testa e sono guai. Stavolta non la passi liscia".

Dario non rispose. Si girò semplicemente e calò la mano aperta sulla maniglia della porta. Il pomello si staccò di netto con un CRAAAAC!

La Delfrati squittì.

"Ops..." disse Dario raccogliendo la maniglia. "Questa dev'essere sua". E la lanciò attraverso la stanza.

La maniglia tracciò una parabola perfetta nell'aria. Il preside si alzò, si proiettò in avanti, la afferrò prima che ricadesse sulla scrivania.

"Fuori di qui!" urlò paonazzo in volto.

Ma Dario era già nel corridoio. E sorrideva, allontanandosi con le mani in tasca.

Le cose comunque non cambiavano.

Servizio di assistenza volontaria.

Con gli handi.

Che fregatura.

Gabriele Clima, *Il sole fra le dita*, © Edizioni San Paolo, Alba, 2016

Annotazioni
15 **schizzare** *qui:* wegspritzen

Dopo che Dario è uscito, il preside scrive un rapporto sull'accaduto. Scrivilo tu.

Teilkompetenz: nicht literarische Texte umgestalten (z. B. durch Textsortenwechsel)

# L'intervista a Cristina Pozzi, l'unica italiana tra i giovani leader del World Economic Forum

Ha 37 anni, è un'imprenditrice e si occupa di organizzare attività di formazione sul futuro. [...] è l'unica italiana nel gruppo dei Young Global Leaders, la selezione di 126 under 40 che secondo il World Economic Forum stanno cambiando il mondo.

Questo elenco viene pubblicato una volta all'anno ed è dal 2014 che non entrava un italiano. Accanto a lei ci sono attivisti, politici e giovani manager. C'è Juan Guaidò che guida l'opposizione contro Nicolas Maduro, c'è Kirsty Coventry, nuotatrice olimpica e ministro nel governo dello Zimbawe, e Umra Omar che ha fondato i Safari Doctors per portare cure mediche in Kenya. [...]

***Chi sono i Young Global Leaders?***

«È un gruppo di giovani che viene selezionato ogni anno dal World Economic Forum. Sono scelti tra persone che stanno avendo un impatto importante, nel proprio ambito di riferimento o nel proprio Paese. Lavorano nel settore pubblico, in quello della cooperazione o sono ai *vertici* delle più importanti società al mondo».

***Cosa succede quando si entra in questo gruppo?***

«A chi è stato selezionato vengono offerte diverse attività. Si parte da quelle più istituzionali, già organizzate dal World Economic Forum, fino a quelle più didattiche. Si possono seguire corsi nelle più importanti università del mondo, come Oxford o Harvard. C'è anche la possibilità di andare una settimana in Groenlandia per toccare con mano i cambiamenti climatici. L'idea è quella di fare un percorso per crescere e acquisire strumenti in grado di accrescere il bagaglio che chi è dentro nel gruppo può portare nel proprio ambito».

***Perché sei stata scelta anche tu?***

«Credo che il motivo sia tutto nel mio percorso professionale. Io ho studiato economia, all'Università Bocconi. Per dieci anni insieme ad Andrea Dusi ho portato avanti Wish Days. Il marchio più famoso con cui operavamo era Emozione3, un'azienda che si occupava di pacchetti vacanze e che è arrivata ad avere nel 2015 un giro d'affari di 40 milioni di euro, con 80 persone che ci lavoravano. Tutto questo prima di vendere al nostro principale concorrente: Smartbox. Abbiamo raggiunto un ottimo risultato sul mercato italiano».

***E quindi, sei un'imprenditrice?***

«Non solo. Sempre con Andrea Dusi abbiamo fondato Impactscool, un'organizzazione che si occupa di fare formazione sul futuro, *divulgando* i temi legati alle nuove tecnologie e fornendo strumenti e metodologie che permettono di pensare al domani in modo ordinato, prendendo decisioni strategiche. Abbiamo una parte dedicata alle aziende e una parte non profit, dedicata agli studenti. Il nostro obiettivo è far capire ai giovani qual è il loro ruolo nell'influenzare l'andamento del futuro».

***Quanti giovani avete incontrato?***
«In due anni siamo riusciti a formare 11 mila ragazzi. Abbiamo oltre 50 ambassador, volontari che mettono a disposizione il proprio tempo per aiutarci nella nostra attività divulgativa».

***Quali sono le tre tecnologie che cambieranno di più il nostro futuro?***
«La prima è l'intelligenza artificiale. Sarà pervasiva su qualunque professione, dal chimico allo psicologo, passando per il commercialista e il legale. Di fronte a questo è importante formarsi e comprendere di cosa stiamo parlando. Bisogna sfruttare tutte le potenzialità dello strumento, evitando le criticità che possono esistere, come in qualunque tecnologia. In Italia abbiamo grandi eccellenze in questo campo. E poi ancora ci sono le biotecnologie, in tutti i loro ambiti di implicazione e le neuroscienze. Di queste si parla ancora poco ma la possibilità di leggere le onde del nostro cervello e farlo comunicare con il mondo esterno è uno scenario molto interessante, soprattutto in ambito medico».

***Un ragazzo che si è appena diplomato e deve scegliere l'università, quali percorsi è meglio che segua?***
«Il mio consiglio, nel breve termine, è guardare alle tre tecnologie di cui ho parlato prima. È importante avere persone che sono in grado di dialogare con i sistemi di intelligenza artificiale. Non solo programmatori. Anche linguisti che aiutano i chatbot a conversare, designer che rendono più accessibili questi strumenti. In Bocconi ora c'è un corso obbligatorio di Phyton, un linguaggio di programmazione. È un modo per dare a tutti una competenza di base».

***E a chi è a metà percorso di una laurea umanistica, per esempio filosofia, cosa diresti?***
«Gli direi di arrivare fino alla fine. Mi sento di continuare a consigliare le materie umanistiche fino alla fine, anche perché avranno un ritorno in termini di ricerca da parte delle aziende. Abbiamo bisogno di persone che siano in grado di *navigare* anche tra questi due mondi: la tecnologia e l'umanesimo. Come è sempre stato fino a qualche secolo fa».

***C'è qualcosa che ti spaventa del futuro?***
«In realtà ci sono tante cose che mi spaventano del futuro. Il motto di Impatcscool è: il futuro è Open Source. È costruito in modo collettivo e quindi esistono tanti futuri di fronte a noi. Non dobbiamo adattarci a quello più probabile. Quello che mi spaventa è che si smetta di ragionare in questi termini e ci si adatti a una sola possibilità di futuro, che può cadere in una distopia».

***Cosa ne pensi del movimento Fridays for Future? Può davvero cambiare qualcosa?***
«Io credo che sia un segnale straordinario che fa pensare a un futuro che sarà sicuramente migliore di quello di oggi. È chiaro che le nuove generazioni *hanno a cuore* il pianeta, hanno capito che è un'urgenza. Ed è chiaro, come dice Greta, che non c'è tempo e che quindi non si può aspettare che arrivino loro a cambiare tutto. Sarebbe l'esempio di una di quelle rivoluzioni che avvengono unendo sia un'azione

dal basso, come questa, che quella d'alto, dei politici, dei potenti. Di chi ha modo di cambiare le cose. Parlando dal punto di vista del marketing, chi oggi vuole fondare un'azienda deve ricordarsi che questi sono i clienti di domani».

***Come ti immagini l'Italia nel 2050?***

«Meno popolata, più calda per il cambiamento climatico, ma mi auguro anche molto attenta a mettere l'essere umano al centro, al centro di un umanesimo nuovo che può nascere e convivere con queste nuove tecnologie».



Annotazioni

27 **il vertice** il punto più alto – 65 **divulgare** diffondere – 85 **pervasivo, a** da pervadere: invadere, entrare in – 92 **le criticità** *qui:* le difficoltà – 128 **navigare** *qui:* fare da mediatore – 152 **avere a cuore** am Herzen liegen

Trasforma l'intervista in un articolo di giornale.

## Teilkompetenz: auf der Basis von verbalen Impulsen Text verfassen

### Rita Levi Montalcini – biografia

Rita Levi Montalcini nasce il 22 aprile del 1909 a Torino. Entrata alla scuola medica di Levi all'età di vent'anni, si laurea nel 1936. Fermamente intenzionata a proseguire la sua carriera accademica come assistente e ricercatrice in neurobiologia e psichiatria, è costretta, a causa delle leggi razziali emanate dal regime fascista nel 1938, ad emigrare in Belgio [...].

[...] Infuria la seconda guerra mondiale ed è assai difficile trovare luoghi dove poter stare tranquilli, figuriamoci intraprendere delle ricerche. Nel suo girovagare, nel '43 approda a Firenze, dove vivrà in clandestinità per qualche anno, prestando fra l'altro la sua collaborazione come medico volontario fra gli Alleati. Finalmente, nel '45 la guerra finisce, lasciandosi alle spalle milioni di morti e devastazioni inimmaginabili in tutti i Paesi.

Dopo così lungo peregrinare senza un porto sicuro in cui rifugiarsi, Rita torna nella sua città natale [...]. Poco dopo riceve un'offerta difficilmente rifiutabile dal Dipartimento di Zoologia della Washington University (St. Louis, Missouri). Accetta, dopo essersi però ben assicurata che potrà proseguire le stesse ricerche che aveva cominciato a Torino. [...] I suoi primi studi (risaliamo agli anni 1938-1944) sono dedicati ai meccanismi di formazione del sistema nervoso dei vertebrati. Nel 1951-1952 scopre il fattore di crescita nervoso noto come NGF, che gioca un ruolo essenziale nella crescita e differenziazione delle cellule nervose sensoriali e simpatiche. Per circa un trentennio prosegue le ricerche su questa molecola proteica e sul suo meccanismo d'azione, per le quali nel 1986 le viene conferito il Premio Nobel per la Medicina [...].

Dal 1961 al 1969 dirige il Centro di Ricerche di Neurobiologia del Consiglio Nazionale delle Ricerche (Roma) in collaborazione con l'Istituto di Biologia della Washington University, e dal 1969 al 1979 il Laboratorio di Biologia cellulare. Dopo essersi ritirata da questo incarico "per raggiunti limiti d'età" continua le sue ricerche come ricercatore e guest professor dal 1979 al 1989, e dal 1989 al 1995 lavora presso l'Istituto di Neurobiologia del CNR con la qualifica di Superesperto. [...]

Dal 1993 al 1998 presiede l'Istituto dell'Enciclopedia Italiana. È membro delle più prestigiose accademie scientifiche internazionali, quali l'Accademia Nazionale dei Lincei, l'Accademia Pontificia, l'Accademia delle Scienze detta dei XL, la National Academy of Sciences statunitense e la Royal Society.

È inoltre da sempre molto attiva in campagne di interesse sociale, per esempio contro le mine anti-uomo o per la responsabilità degli scienziati nei confronti della società. Nel 1992 istituisce, assieme alla sorella gemella Paola, la Fondazione Levi Montalcini, in memoria del padre, rivolta alla formazione e all'educazione dei giovani, nonché al conferimento di borse di studio a giovani studentesse africane a livello universitario. L'obiettivo è quello di creare una classe di giovani donne che svolgano un ruolo di leadership nella vita scientifica e sociale del loro Paese. [...]

In data 22 gennaio 2008 l'Università di Milano Bicocca le ha assegnato la laurea honoris causa in biotecnologie industriali.

Rita Levi Montalcini muore alla straordinaria età di 103 anni il 30 dicembre 2012 a Roma.

https://biografieonline.it/biografia-rita-levi-montalcini
(leggermente adattato con l'autorizzazione dell'autore)

Annotazioni

4 **emanare** pubblicare – 5 **infuriare** manifestarsi con violenza – 6 **il girovagare** l'andare vagando senza meta e senza uno scopo – 6 **approdare** arrivare – 8 **lasciare alle spalle** lasciare indietro – 10 **peregrinare** vagabondare, spostarsi continuamente senza una meta precisa – 15 **il vertebrato** Wirbeltier

1. Riassumi le tappe più importanti della vita di Rita Levi Montalcini.
2. Sulla base della sua biografia interpreta questa frase di Rita Levi Montalcini:
   "Le donne che hanno cambiato il mondo non hanno mai avuto bisogno di mostrare nulla se non la loro intelligenza."

# 9 Giovani

## Teilkompetenz: auf der Basis von visuellen impulsen Texte verfassen

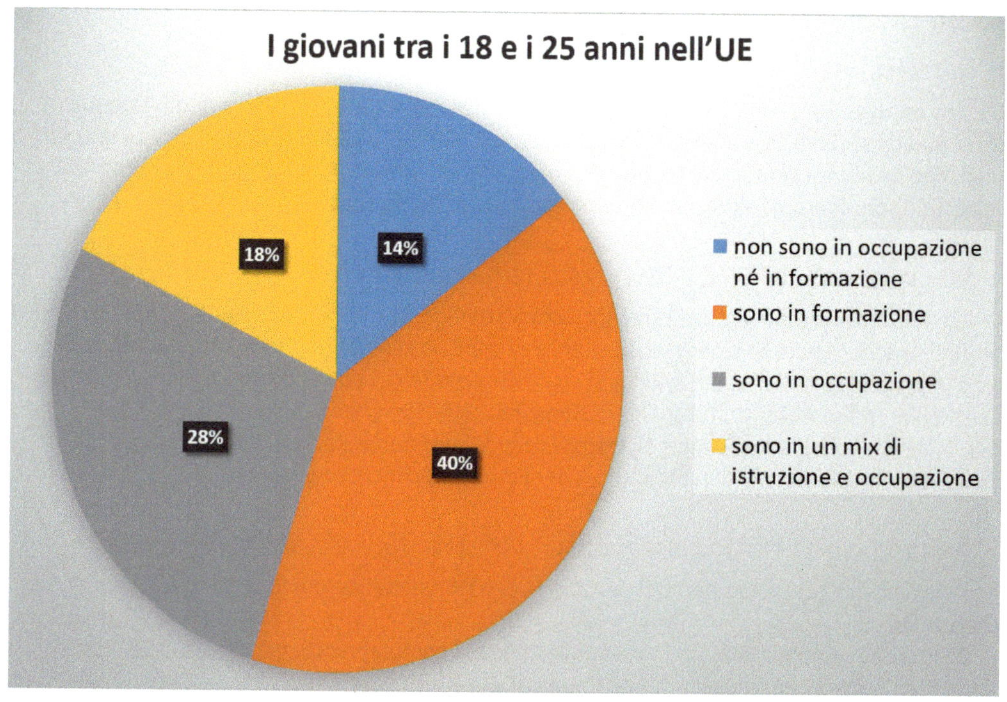


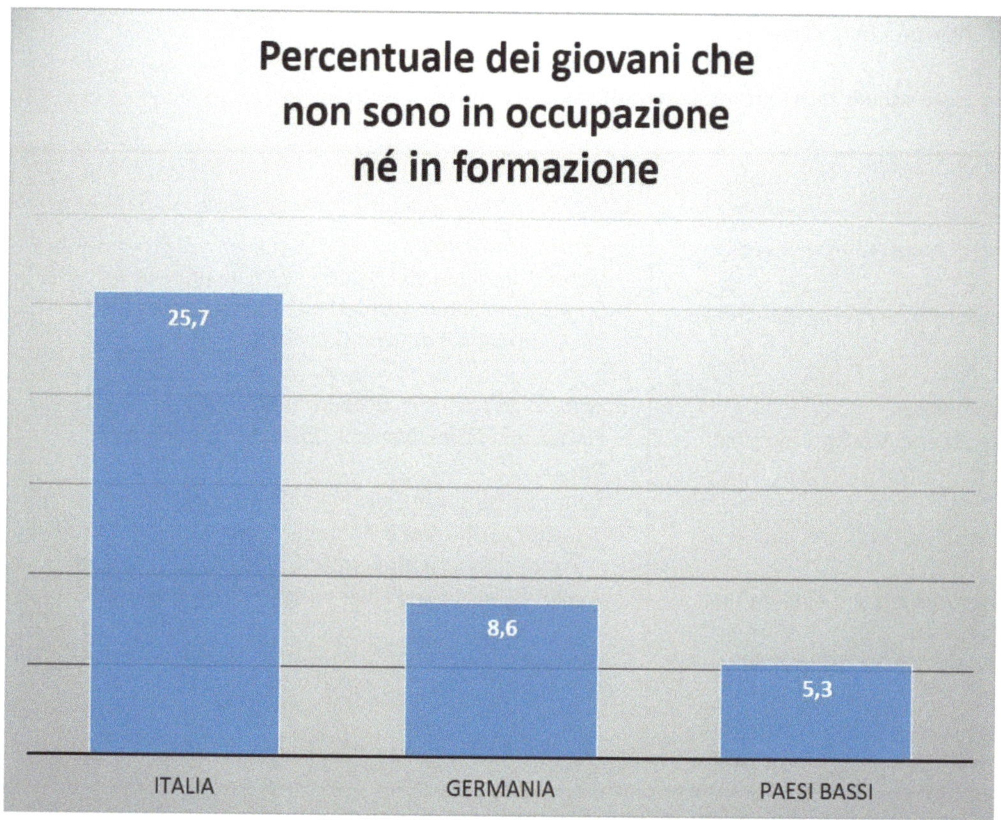


Fonte dei dati: Eurostat, 2017

Descrivi il grafico. Analizza la condizione dei giovani nell'Unione Europea e paragona la situazione in Italia con quella in altri Paesi.

# 4. Hörverstehen (Comprensione orale)

## Definition

### > Das Ziel des Hör-/Hör-Sehverstehens: Was wird verlangt?

Sie zeigen, dass Sie in der Lage sind, aus einem in der Regel 5–10 minütigen Audio-Dokument (bzw. audiovisuellem Dokument) Informationen zum Global- und Detailverständnis zu entnehmen. Wie beim Leseverstehen, so gilt auch hier: Abgeprüft wird nur das Textverständnis (die Rezeption), die Textproduktion spielt bei diesem Aufgabenformat eine untergeordnete Rolle.

### > Wie wird das Hör-/Hör-Sehverstehen abgeprüft?

In vielen Bundesländern ist das Hör-/Hör-Sehverstehen nicht Teil der schriftlichen Abiturprüfung, sondern wird in einer Klausur während der Kursstufe abgeprüft. Diese Klausur hat eine Dauer von ca. 40 Minuten und kann aus mehreren Teilen bestehen. In Bayern ist es Teil der Kombinierten Abiturprüfung. Der Prüfungsteil zum Hörverstehen dauert 30 Minuten. Der Schwierigkeitsgrad orientiert sich am Niveau B2 des Europäischen Referenzrahmens für Sprachen. Als Quellen werden oft Radio- oder Fernsehnachrichten gewählt.

### > Anhand welcher Aufgabentypen wird das Hörverstehen abgeprüft?

Genau wie beim Leseverstehen werden auch beim Hörverstehen die folgenden Aufgabentypen eingesetzt:

1. Geschlossene Aufgaben: Alternativantworten sind komplett vorgegeben. Sie müssen die richtige Antwort ankreuzen.
2. Halboffene Aufgaben: Es wird eine Ergänzung mit eigenständig formulierten Einzelwörtern, Wortgruppen, Kurzantworten etc. verlangt.

Im Unterschied zum Leseverstehen wird kein Textbeleg erwartet!

| Beispiele für geschlossene Aufgabentypen | Beispiele für halboffene Aufgabentypen |
|---|---|
| **Alternativaufgaben (Multiple Choice; compiti a scelta multipla)**<br>- Auswahl einer Antwort aus mehreren vorgegebenen Möglichkeiten<br><br>**Entscheidungsaufgaben (vero-falso)**<br>- Festlegung, ob eine vorgegebene Aussage zum Text wahr oder falsch ist<br><br>**Zuordnungsaufgaben / logische Reihung (matching; abbinamento)**<br>- Auswahl von Informationen, die z. B. auf eine im Text genannte Person zutreffen<br>- Zuordnung von Informationen z. B. zu verschiedenen im Text genannten Personen<br>- Ordnen von Informationen (z. B. in der Reihenfolge, in der sie im Text vorkommen) | **Ergänzungsaufgaben**<br>- Vervollständigen von Sätzen (auch in eigenen Worten)<br>- Sprachliche Fehler werden nicht gewertet; es geht allein um die inhaltliche Botschaft!<br><br>**Aussagen zu Sachverhalten im Text**<br>- Finden von Adjektiven zur Charakterisierung einer Person<br>- Beantwortung von Fragen in einem ganzen Satz<br>⇨ Dieser recht offene Aufgabentypus wird nicht in allen Bundesländern abgeprüft. Grundsätzlich gilt auch hier: sprachliche Fehler werden nicht gewertet! |

Pro Prüfung kommen mindestens zwei der genannten Aufgabentypen vor.

## Ablauf der Klausur

**Variante A: Die Klausur besteht aus einem Dokument**

1. Lesen der Aufgaben.
2. erstes Hören/Sehen.
3. erstes Bearbeiten der Aufgaben.
4. zweites Hören/Sehen.
5. zweites Bearbeiten der Aufgaben bzw. Überarbeiten.

**Variante B: Die Klausur besteht aus mehreren Dokumenten (zwei bis drei)**

1. Lesen der Aufgaben.
2. erstes Hören/Sehen von Dokument 1
3. erstes Bearbeiten der Aufgaben zu Dokument 1
4. zweites Hören/Sehen von Dokument 1
5. zweites Bearbeiten bzw. Überarbeiten der Aufgaben zu Dokument 1
6. erstes Hören/Sehen von Dokument 2
7. erstes Bearbeiten der Aufgaben zu Dokument 2
8. zweites Hören/Sehen von Dokument 2
9. zweites Bearbeiten bzw. Überarbeiten der Aufgaben zu Dokument 2

etc…

## Strategien

1. **Machen Sie sich vor dem ersten Hören so intensiv wie möglich mit den Aufgaben vertraut, damit Sie vor dem ersten Hören schon wissen, worauf Sie achten müssen.**
   Der Aufgabenapparat gibt Ihnen evtl. bereits einen Überblick darüber, um welches Thema bzw. um welchen Texttyp es sich handelt.
   Lesen Sie eventuelle Angaben zum Textinhalt genau durch. Sie werden Ihnen während des Hörens/Sehens eine Hilfe sein!

2. **Legen Sie beim ersten Hören/Sehen die Aufgaben zur Seite und versuchen Sie, sich intensiv auf den Text zu konzentrieren.**
   Es kann Ihnen helfen, beim Zuhören die Augen zu schließen (dies gilt natürlich nicht für audiovisuelle Dokumente!).

3. **Nehmen Sie nach dem ersten Hör-/Hör-Sehdurchgang das Blatt wieder zur Hand und beantworten Sie so viele Aufgaben wie möglich.**
   Arbeiten Sie zunächst mit Bleistift. Auch einen Radiergummi sollten Sie parat haben.

4. **Überlegen Sie sich, auf welche Aufgaben Sie sich beim zweiten Hör-/Hör-Sehdurchgang besonders konzentrieren wollen.**
   Sie können sich diese Aufgaben farbig markieren / hervorheben.
   Denken Sie daran, dass die Aufgaben in der Regel chronologisch angeordnet sind.

5. **Es empfiehlt sich, beim zweiten Hören das Aufgabenblatt nicht wegzulegen, weil Sie auf diese Weise Ihre bereits eingetragenen Ergebnisse überprüfen können.**
   Konzentrieren Sie sich besonders auf die Aufgaben, die Sie im ersten Durchgang nicht lösen konnten.

6. **Nach dem zweiten Hören haben Sie noch einmal Zeit, alle Aufgaben durchzugehen und Ihre Lösungen zu überprüfen.**
   Benutzen Sie nun einen Füller / Kugelschreiber.

7. **. . . und am Ende?**
   Lassen Sie keine Aufgabe unausgefüllt: Manchmal kommt man mit Logik oder sogar mit Raten weiter!
   Nutzen Sie die gesamte Zeit, die Ihnen zur Verfügung steht.

!

> Die verschiedenen Aufgabentypen entsprechen denen, die beim Leseverstehen verwendet werden. Lesen Sie sich zur Sicherheit also noch einmal die Strategien für das Leseverstehen durch. Einziger Unterschied: Beim Hör-/Hör-Sehverstehen werden keine Textbelege gefordert.

# 1 Volontariato

> Die Hörverstehenausgabe besteht aus 3 Teilen. Sie können jeden Hörtext zweimal hören. Vor jeder Teilaufgabe haben Sie Zeit, die dazugehörigen Einzelaufgaben zu lesen. Diese bearbeiten Sie während des Hörens und in der anschließenden Bearbeitungszeit.

## Radio Villa Carpegna: intervista a Chiara

### Parte 1 – Chiara

**Ascolterai la prima parte di un servizio radiofonico.**
**Svolgi gli esercizi. Hai 30 secondi per leggerli prima.**

**1. Completa la frase.** 1 p.

La trasmissione di Radio Villa Carpegna si chiama

______________________________________________

**2. Di quale tipo di servizio radiofonico si tratta?** 1 p.

- ☐ Una discussione tra donne immigrate.
- ☐ Un'intervista con una giovane donna.
- ☐ La testimonianza di una studentessa di un istituto turistico.

### Parte 2 – L'esperienza di lavoro di Chiara

**Ascolterai la seconda parte di un servizio radiofonico.**
**Svolgi gli esercizi. Hai 60 secondi per leggerli prima.**

**1. Rispondi alla domanda.** 1 p.

Di quale esperienza di lavoro racconta Chiara?

______________________________________________

______________________________________________

**2. Segna con una crocetta la risposta giusta.** 2 p.

a) Chiara ha prestato servizio per un progetto
- ☐ finanziato dall'UE.
- ☐ finanziato dal Comune.
- ☐ sostenuto dalla Chiesa cattolica.
- ☐ creato senza alcun sostegno economico di terzi.

b) Quando ha iniziato la sua esperienza di lavoro Chiara
- ☐ non sapeva cosa aspettarsi.
- ☐ ha trovato una realtà in cui poteva fare più di quanto si aspettasse.
- ☐ si aspettava di poter aiutare molto, invece spesso è rimasta delusa dalla realtà.
- ☐ aveva delle aspettative alte, ma comunque non è stata delusa dalla realtà che ha trovato.

**3. Rispondi alle domande.** **3 p.**

a) Qual è stata la sensazione che spesso Chiara ha provato durante il suo volontariato?

________________________________________

________________________________________

________________________________________

b) Quali sono stati i momenti più difficili per Chiara?

________________________________________

________________________________________

________________________________________

c) La donna ricorda un momento molto commovente. Quale?

________________________________________

________________________________________

________________________________________

**4. Segna con una crocetta l'unica risposta sbagliata.** **2 p.**

a) La giovane donna eritrea

- ☐ ha fatto il viaggio a piedi.
- ☐ ha ritrovato il marito in Italia.
- ☐ è stata violentata durante il viaggio.
- ☐ ha partorito un bambino durante il viaggio.

b) Il marito

- ☐ ha riconosciuto il bambino come suo.
- ☐ si è ricongiunto alla moglie in Italia.
- ☐ ha festeggiato con gioia il lieto evento.
- ☐ si è subito reso conto che il bambino era suo.

## Parte 3 – Riflessioni e speranze

**Ascolterai la terza parte di un servizio radiofonico nel quale viene intervistata una giovane donna.
Svolgi gli esercizi. Hai 60 secondi per leggerli prima.**

**1. Completa la frase.** **1 p.**

Secondo Chiara lavorare come volontario nel settore dell'immigrazione servirebbe soprattutto a persone che

________________________________________

**2. Rispondi alle domande.** **5 p.**

a) Da dove veniva la maggior parte dei ragazzi con cui lavorava Chiara? *Indica due Paesi.*

________________________________________

________________________________________

b) Che cosa ha aperto il gruppo di ragazzi di cui parla Chiara?

________________________________________

c) Che cosa è successo pochi mesi dopo?

________________________________________

d) Secondo Chiara che cosa fa vedere l'esempio di questo progetto?

________________________________________

________________________________________

**3. Completa.** **2 p.**

Grazie al servizio prestato Chiara ha imparato

a) ________________________________________

________________________________________

b) ________________________________________

________________________________________

 Audio

# 2 Donne / Migrazione

## Intervista a Katia Terreni *(Donne che emigrano all'estero)*

**1. Vero o falso – Segna con una crocetta la risposta giusta.** 2 p.

| | vero | falso |
|---|---|---|
| a) Katia Terreni ha fondato un blog. | ☐ | ☐ |
| b) Katia si è trasferita all'estero per motivi affettivi. | ☐ | ☐ |

**2. Segna con una crocetta la risposta giusta.** 1 p.

In Italia Katia
- ☐ non lavorava.
- ☐ faceva il part time.
- ☐ non ha fatto carriera.
- ☐ ha avuto molto successo nel suo settore.

**3. Completa la frase seguente.** 1 p.

Katia vive all'estero dal ______________________________

**4. Segna con una crocetta la risposta giusta.** 4 p.

a) Katia ha vissuto il trasferimento all'estero come
- ☐ una necessità.
- ☐ una soluzione.
- ☐ un colpo di testa.
- ☐ un misto di vari motivi.

b) Il primo choc da trasferimento è legato
- ☐ al suo lavoro.
- ☐ alla sua famiglia.
- ☐ alla nuova cultura.
- ☐ alla sua vita privata.

c) Quando Katia ha cominciato a lavorare all'estero
- ☐ non lavorava come receptionist.
- ☐ era una di quattro receptionist.
- ☐ era responsabile di quattro receptionist.
- ☐ avrebbe voluto lavorare come receptionist.

d) All'inizio Katia aveva delle difficoltà a capire
- ☐ la lingua.
- ☐ i clienti stranieri.
- ☐ gli ordini che le dava il suo capo.
- ☐ la mentalità dei suoi collaboratori.

5. **Completa la frase seguente.** 1 p.

Paragonando gli standard italiani con quelli che trova all'estero Katia pensa che

______________________________________________

6. **Segna con una crocetta la risposta giusta.** 2 p.

a) Quando Katia è arrivata all'estero il Paese ospitante le ricordava
- ☐ il paradiso turistico.
- ☐ l'Italia del dopoguerra.
- ☐ la Polonia degli anni '70.
- ☐ una società aperta ed ospitale.

b) L'esperienza dell'emigrazione secondo Katia
- ☐ è diversa per tutti gli emigranti.
- ☐ accelera la crescita personale dell'emigrante.
- ☐ impedisce uno sviluppo personale dell'emigrante.
- ☐ non ha nessun impatto sulla personalità dell'emigrante.

7. **Completa la frase seguente.** 1 p.

Secondo Katia il viaggio e l'espatrio sono due cose diverse perché ______________

______________________________________________

______________________________________________

8. **Nomina due cose che Katia atribuisce** 2 p.

a) al viaggio:

1) ______________ 2) ______________

b) all'espatrio:

1) ______________ 2) ______________

9. **A chi Katia non consiglia di emigrare?** 1 p.

a) ______________ b) ______________

 Links

# 3 Giovani / Media

## Parte 1

**Guarda il filmato youtube sui giovani e i media (video 1)**

**1. Vero o falso – Segna con una crocetta la risposta giusta.** 2 p.

| | vero | falso |
|---|---|---|
| a) Quasi tutti i ragazzi italiani ricevono il cellulare quando frequentano il liceo. | ☐ | ☐ |
| b) I genitori danno il cellulare ai figli per stare in contatto con loro. | ☐ | ☐ |

**2. Completa le frasi.** 2 p.

Per la persona intervistata avere un cellulare in giovane età

a) è un disastro se ______________________________

b) è una risorsa enorme se ______________________________

**3. Segna con una crocetta la risposta giusta.** 2 p.

a) Dalla ricerca emerge che i più giovani **non** utilizzano il cellulare
- ☐ per telefonare.
- ☐ per far delle foto.
- ☐ per ascoltare musica.

b) La maggior parte dei più grandi usa il cellulare
- ☐ per mandare sms.
- ☐ per navigare su Internet.
- ☐ per avere accesso ai social network.

## Parte 2

**Guarda il filmato youtube sui giovani e i media (video 2)**

**Prima persona intervistata: ragazza n° 1**

**1. Segna con una crocetta la risposta giusta.** 2 p.

a) La ragazza passa
- ☐ poco tempo
- ☐ molto tempo
- ☐ troppo tempo ______________ sui social network.

b) Lei paragona i social network ai tribunali perché
- ☐ ci sono giudici che controllano quello che viene scritto sui social.
- ☐ molti giovani pensano di avere il diritto di giudicare e criticare gli altri.
- ☐ può essere pericoloso per i giovani che passano troppo tempo su Internet.

**2. Completa la frase.** 1 p.

I giovani confrontano le loro vite con

________________________________________________

**Seconda persona intervistata: ragazzo n° 1**

**1. Completa le frasi.** 2 p.

a) Per il ragazzo è difficile uscire dai social network perché __________________

________________________________________________

b) Con i social network si perde ________________________________

________________________________________________

**Terza persona intervistata: ragazzo n° 2**

**1. Segna con una crocetta la risposta giusta.** 1 p.

Secondo il ragazzo usare i social network crea problemi

- ☐ nel contatto con nuovi amici
- ☐ nella comunicazione faccia a faccia con gli amici
- ☐ nella comunicazione scritta a causa di possibili fraintendimenti *(Missverständnisse)*

**2. Completa la frase.** 1 p.

Per il ragazzo i social network sono una fortuna perché ______________________

________________________________________________

**Quarta persona intervistata: ragazzo n° 3**

**1. Segna con una crocetta la risposta giusta.** 1 p.

Il ragazzo passa

- ☐ due ore al giorno sui social network
- ☐ una o due orette sui social network quando ha tempo

**2. Rispondi alla domanda.** 1 p.

Secondo questo ragazzo qual è l'aspetto negativo dei social network?

________________________________________________

________________________________________________

# 4 Giovani / Migrazione

 Link

Beim **Globalverstehen** geht darum, die zentralen Informationen des Hörtextes zu verstehen.

## I Comprensione globale

**Stai per ascoltare un'intervista. Vengono intervistate sei persone.**

**1. Qual è il tema dell'intervista?** 1 p.

________________________________________

**2. Segna con una crocetta e completa la tabella.** 6 p.

| Persona | Cosa vuole fare? | | Perché? |
|---|---|---|---|
| | restare | partire | |
| 1 | | | non dà una spiegazione |
| 2 | | | |
| 3 | | | |
| 4 | | | |
| 5 | | | |
| 6 | | | |

## II Comprensione dettagliata

Link 

Beim **Detailverstehen** wird nach Einzelheiten gefragt.

**Stai per ascoltare l'intervista con Chiara, ex cervello in fuga. Poi rispondi alle domande.**

**1. Vero o falso – Segna con una crocetta la risposta giusta.** **6 p.**

| | vero | falso |
|---|---|---|
| a) Chiara ha 36 anni. | ☐ | ☐ |
| b) È stata un anno in Germania. | ☐ | ☐ |
| c) È ritornata in Italia ma vorrebbe ripartire per la Germania. | ☐ | ☐ |
| d) Al momento lavora come ricercatrice a Napoli. | ☐ | ☐ |
| e) Fa ricerca nel settore dell'astrofisica. | ☐ | ☐ |
| f) All'estero ha fatto esperienze lavorative importanti e utili. | ☐ | ☐ |

**2. Completa le frasi.** **3 p.**

a) Chiara è tornata in Italia ed è riconoscente al suo Paese perché ______________________________

______________________________________________________________

b) È arrabbiata perché ______________________________________________

______________________________________________________________

c) Non è facile fare ricerca in Italia perché ______________________________

______________________________________________________________

**3. Segna con una crocetta la/le risposta/e giusta/e.** **3 p.**

a) Chiara dice che andando per un certo periodo all'estero *(due risposte sono corrette!)*
- ☐ si aiuta a sviluppare la ricerca in altri Paesi.
- ☐ non si aiuta a sviluppare la ricerca in Italia.
- ☐ si diventa indipendenti perché si deve lasciare la famiglia.

b) Chiara ce l'ha fatta in Italia e pensa che
- ☐ anche per gli altri sia possibile se si danno da fare.
- ☐ per molti sia difficile perché gli studi sono impegnativi.
- ☐ per gli altri sia quasi impossibile perché non ci sono abbastanza posti.

c) Secondo Chiara i giovani devono
- ☐ restare in Italia.
- ☐ mollare tutto e partire.
- ☐ abbandonare la speranza perché il Sud non ha futuro.

 Link

## III Comprensione selettiva

Beim **Selektivverstehen** müssen Sie nur bestimmte Informationen heraushören. Konzentrieren Sie sich darauf. Alles andere können Sie ausblenden.

**Stai per ascoltare l'intervista con Matteo Asioli.**
**Poi rispondi alle domande.**

**1. Segna con una crocetta la risposta giusta.** 3 p.

a) Quanti anni ha Matteo Asioli?

☐ 25 ☐ 35 ☐ 37

b) In quale città vive attualmente?

☐ Rimini ☐ Birmingham ☐ Londra

c) Da quale anno vive in questa città?

☐ 2004 ☐ 2006 ☐ 2007

**2. Completa le frasi.** 2 p.

a) Matteo Asioli è andato a Londra perché ______

b) La partenza dalla sua città è stata un'esperienza ______

**3. Rispondi alle domande.** 2 p.

a) Che cosa gli manca della sua città di origine? ______

b) Quanti anni aveva quando è partito? ______

**4. Completa le frasi.** 2 p.

a) Prima di partire Matteo lavorava come ______

b) Dopo ______ mesi a Londra ha firmato un contratto a tempo indeterminato.

**5. Segna con una crocetta la risposta giusta.** 1 p.

Matteo si è laureato in

☐ management e legge ☐ management e marketing ☐ management internazionale

**6. Completa la frase.** 1 p.

Matteo si è sposato e ha ______ figli.

# 5. Sprechen (Produzione orale)

## Definition

Die angewachsene Bedeutung der Kommunikation und der Kommunikationsfähigkeit als wichtige Voraussetzung für Erfolg in zahlreichen Lebensbereichen hatte zur Folge, dass auch im schulischen Kontext die Mündlichkeit schon vor Jahren eine Aufwertung erlebt hat. Ihre Fähigkeit sich mündlich zu äußern wird je nach Bundesland entweder im Rahmen der schriftlichen Abiturprüfung oder in einer mündlichen Überprüfung in der Qualifikationsphase abgeprüft. Außerdem gibt es beispielsweise in Baden-Württemberg die Möglichkeit, Italienisch als mündliches Prüfungsfach im Abitur zu wählen.

### > Ziele der mündlichen Prüfung: Was wird verlangt?

Sie sollen unter Beweis stellen[1],

- dass Sie über ein gesichertes und strukturiertes Wissen und eine sichere Sprachkompetenz mit einem sicheren mündlichen Ausdruck verfügen,
- dass Sie sach-, situationsgerecht und adressatenorientiert Sachverhalte über ein breites Themenspektrum darstellen und dabei methodisch überzeugend vorgehen können,
- dass Sie ein Bewusstsein für fachliche und fachübergreifende Zusammenhänge haben und Ihr Verständnis der Sachverhalte mit Problembewusstsein und Urteilsfähigkeit gepaart ist,
- dass Sie über Selbstständigkeit im Denken und Arbeiten verfügen und begründete eigene Standpunkte eigenständig formulieren können,
- dass Sie – neben dem zusammenhängenden Darstellen von Sachverhalten – auch die aktiv gestaltende Teilnahme am Prüfungsgespräch, die wichtigsten Kommunikationsregeln und Umgangsformen und damit Strategien für eine erfolgreiche interaktive Gesprächsführung beherrschen,
- dass Sie sicher mündlich kommunikativ handeln können, über eine Bereitschaft zum Sprechen verfügen und sich spontan äußern können.

Die in der Prüfung geforderten Inhalte ergeben sich zunächst aus dem vorangegangenen Unterricht. Die Prüfung selbst geht jedoch über reines Faktenwissen, bloße Begrifflichkeiten oder historische Daten hinaus: Zeigen Sie, dass Sie in der Lage sind, ein Thema zu erörtern, Sachverhalte (kritisch) zu bewerten und mit anderen Gesichtspunkten in Zusammenhang zu setzen.

### > Wie ist eine mündliche Prüfung / Kommunikationsprüfung aufgebaut?

Die mündliche Prüfung besteht aus zwei Teilen:
Sie müssen selbstständig eine Aufgabe lösen und erhalten dazu eine kurze Vorbereitungszeit.
Im ersten Teil der Prüfung (Monolog) müssen Sie einen zusammenhängenden Vortrag erbringen und dabei Ihre Präsentationskompetenz unter Beweis stellen.
Im zweiten Teil (Dialog) werden größere fachliche und fachübergreifende Zusammenhänge in einem Prüfungsgespräch diskutiert. Dieses Gespräch findet entweder mit einem Prüfenden (Einzelprüfung) oder einem anderen Prüfling (Tandemprüfung) statt. In manchen Bundesländern sind auch Gruppenprüfungen möglich.
Wenn Sie sich entscheiden können, ob Sie die Prüfung allein oder mit einem Partner durchführen möchten, prüfen Sie für sich selbst, welches Prüfungsformat Ihnen besser liegt:
Bin ich überzeugender, wenn ich nur mit Lehrkräften kommuniziere?
Oder kann ich meine Argumente besser vor einem „gleichwertigen Partner" vertreten?

Wenn Sie sich in Baden-Württemberg für Italienisch als mündliches Prüfungsfach entscheiden, besteht die Prüfung aus einem Vortrag und einem Prüfungsgespräch.

1 Vgl. Einheitliche Prüfungsanforderungen in der Abiturprüfung Italienisch, Beschluss der Kultusministerkonferenz vom 01.12.1989 i.d.F. vom 06.06.2013, v. a. S. 20 ff., https://www.kmk.org/fileadmin/veroeffentlichungen_beschluesse/1989/1989_12_01-EPA-Italienisch.pdf (letzter Zugriff am 14.09.2019).

## > Gestaltung der Prüfungsaufgaben

Die Aufgabenstellung und die Durchführung der mündlichen Prüfung / Kommunikationsprüfung erfolgen in der Fremdsprache. Die beiden Prüfungssequenzen (Monolog, Dialog bzw. Prüfungsgespräch) sind inhaltlich verzahnt und folgen bei manchen Prüfungsformaten einer thematischen Linie. Es gibt aber auch Prüfungsformate, bei denen ein Themenwechsel möglich ist.

Ausgangspunkt ist ein materialbasierter Impuls, der Ihnen in der Vorbereitung vorgelegt wird. Dabei kann es sich um folgende Arten von Materialen handeln: visuelle Impulse wie Bilder, Fotografien, Karikaturen, Grafiken, Statistiken, Diagramme, andere nicht-fiktionale oder fiktionale Texte wie kurze Textpassagen, Zitate, Thesen, Überschriften etc. Möglich sind auch kurze Hörtexte oder audiovisuelle Impulse (Video, Filmausschnitt, Clip etc.).
Hierzu erhalten Sie in der Regel wenige, mit Operatoren formulierte Aufgabenstellungen. In der Vorbereitung dürfen Sie sich dazu schriftliche Notizen machen. Ihnen stehen ein ein- und ein zweisprachiges Wörterbuch zur Verfügung.
Dieses Verfahren ist für Einzel- und Partnerprüfung identisch. Bei der Partnerprüfung sehen Sie in der Prüfung auch die Materialien, die Ihrem Mitschüler als Impuls vorgelegt wurden.

## > Bewertung der mündlichen Prüfung / Kommunikationsprüfung

Bewertet wird Ihre Prüfung kriterienorientiert in folgenden Bereichen:

**Aufgabenerfüllung / Inhalt**
Es geht hierbei nicht um die bloße Reproduktion von Faktenwissen; vielmehr soll unter Beweis gestellt werden, dass die komplexen Aufgaben verstanden wurden und uneingeschränkt erfüllt werden, dass die Inhalte und Gedanken präzise, logisch und überzeugend entwickelt und strukturiert und in den vorgegebenen Kontext eingebettet werden. Besonders positiv wird gewertet, wenn begründete eigene Gedankengänge, persönliche Urteile bzw. interkulturelle Aspekte (ggf. beruhend auf eigenen Erfahrungen) eingebaut werden.

**Strategie / Interaktive Gesprächsfähigkeit / Diskursfähigkeit**
Während der Prüfung sollen Sie zeigen, dass Sie im Gespräch aktiv, überzeugend und spontan agieren können. Wichtig dabei ist, dass Sie den Monolog und den Dialog aufrechterhalten, im Dialog auf Ihren Gesprächspartner eingehen und auch komplexe Gesprächssituationen erfolgreich meistern können.

**Sprachliche Leistung**
Achten Sie darauf, dass Sie die Grammatik / Syntax der Fremdsprache möglichst fehlerfrei verwenden. Machen Sie von einem differenzierten Wortschatz Gebrauch. Ihre Aussprache und Ihre Intonation sollen korrekt und klar sein. Äußern Sie sich flüssig.

**Hinweis**
Die in diesem Heft vorgelegten Aufgabenstellungen sind als Übungsaufgaben zum Training der Sprechkompetenz zu verstehen. Es handelt sich nicht um Muster-Prüfungsaufgaben, die exakt die Prüfungsvorgaben eines einzelnen Bundeslandes abdecken würden.

## Strategien

1. **Lesen Sie die Aufgabenstellung genau durch.**
   Versuchen Sie, die geforderte Leistung im Detail zu verstehen. Achten Sie auf die in der Aufgabenstellung verwendeten Operatoren!

2. **Nutzen Sie die Vorbereitungszeit sinnvoll.**
   Die in dieser Zeit von Ihnen festgehaltenen Stichpunkte / Ausführungen sind die Basis für Ihre mündliche Prüfung.
   - Bei einem Bild: Notieren Sie sich Stichpunkte für eine Beschreibung. Vergessen Sie nicht, die jeweilige Quelle und den Autor / Zeichner festzuhalten.
   - Bei einem Zitat: Notieren Sie, wer der Autor und in welchem Kontext das Zitat zu verorten ist.
   - Bei einem Text: Arbeiten Sie die wesentlichen Inhalte heraus. Vergessen Sie nicht, die jeweilige Quelle und den Verfasser festzuhalten.

3. **Äußern Sie in der Prüfung nur das, wovon Sie wissen, dass es auch tatsächlich stimmt.**
   Ihre Aussagen sollen wahr, präzise und stichhaltig sein.

4. **Seien Sie klar und deutlich. Schweifen Sie nicht vom Thema ab.**

5. **Denken Sie daran, dass Ihre Gedankengänge einer logischen Argumentation folgen müssen.**
   Der Prüfer kann Ihrer Präsentation / Ihrem Vortrag dann (besser) folgen. Die Verwendung von Konnektoren macht Ihren Vortrag „runder".

6. **a) Kommunikationsprüfung: Zeigen Sie, dass Sie sich in Dialogen und Diskussionen souverän mit anderen Gesprächspartnern austauschen können.**
   - Beginnen und beenden Sie eine Unterhaltung / ein Thema in der Unterhaltung.
   - Binden Sie Ihren Gesprächspartner ein, indem Sie einen von ihm vorgetragenen Standpunkt noch einmal kurz referieren, Schlüssel- oder Stichwörter des Partners aufgreifen, auf gestellte Fragen antworten usw.
   - Stellen Sie Rückfragen an Ihren Dialogpartner (z. B. zur Verständnisklärung oder zur Klärung eines Sachverhalts).
   - Handeln Sie bei einer inhaltlichen Auseinandersetzung (z. B. einem Rollenspiel) eine Lösung aus. Bringen Sie Ihre eigene Meinung zum Ausdruck.

   **b) Mündliche Prüfung: Zeigen Sie, dass Sie Gespräche souverän führen können.**
   - Reagieren Sie flexibel und spontan, falls die Prüfer der Prüfung eine neue Richtung geben.
   - Stellen Sie bei Unklarheiten Rückfragen an die Prüfer.
   - Agieren Sie der Sache, der Situation und Ihren Prüfern angemessen.

7. **Sprechen Sie flüssig und zusammenhängend.**
   Verwenden Sie korrekte sprachliche Mittel und – im Bedarfsfall – Füllwörter. Vermeiden Sie „Äh"s. Achten Sie auf eine deutliche und richtige Aussprache und eine klare und natürliche Intonation, die kommunikativ wirksam eingesetzt wird. Sprechen Sie laut und nicht zu schnell. Denken Sie an angemessene Betonungen, um bestimmte Sachverhalte besonders hervorzuheben.

8. **Stellen Sie unter Beweis, dass Sie den Wortschatz korrekt und situationsgerecht anwenden.**
   Bringen Sie eine Bandbreite an Vokabular ein (formale Sprache, idiomatische Ausdrücke; bei Rollenspielen: ggf. umgangssprachliche Ausdrücke, falls angemessen). Achten Sie darauf, dass Sie nicht immer die gleichen Wörter verwenden.

9. **Zeigen Sie, dass Sie in der Lage sind, eine auch komplexe Grammatik bzw. Syntax sicher anzuwenden.**
   Achten Sie z. B. auf die korrekte Verwendung der Zeiten und auf Variation in der Satzstruktur.

10. **Halten Sie in der Prüfung Augenkontakt mit Ihrem Gegenüber / Dialogpartner.**

11. **Setzen Sie Ihre Mimik ein, um Ihrer Meinung Ausdruck zu verleihen.**
    Im Allgemeinen sollten Sie freundlich sein und zumindest in passenden Momenten lächeln. Vermeiden Sie dagegen ein Lächeln, wenn Sie mit Vorstellungen Ihres Gegenübers nicht einverstanden sind.

12. **Achten Sie auf eine der Situation angemessene Haltung und Gestik.**
    Ihre Haltung sollte auch Parallelen zu den Ihnen wichtigen Inhalten aufweisen.

13. **Geben Sie sich in angemessenem Maße selbstbewusst.**
    Damit zeigen Sie Ihren Prüfer(inne)n, dass Sie versuchen, den Fokus auf das zu legen, was Sie wissen und können, und dass Sie darauf hinarbeiten, Ihre Prüfungsanspannung unter Kontrolle zu haben. Dies erreichen Sie leichter, wenn Sie sich im Vorfeld der Prüfung gut und intensiv vorbereitet und sich ausgiebig mit den in der Prüfung möglichen Thematiken auseinandergesetzt haben.

## Nützliche Redemittel für die mündliche Prüfung

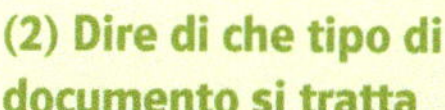

**(2) Dire di che tipo di documento si tratta**

*un testo / una citazione*
*un'immagine / una foto*
*un quadro / un disegno*
*un manifesto / una pubblicità*
*una vignetta / una caricatura*
*una statistica*
*uno spot televisivo*

**(3) Descrivere un'immagine**

*La foto è tratta dal libro… / dal giornale…*
*L'immagine mostra / fa vedere / illustra...*
*L'immagine si compone di diversi elementi: …*
*Al centro / In primo piano si vede…*
*In secondo piano / Sullo sfondo…*
*In alto / In basso / A margine…*
*A destra / A sinistra c'è / ci sono…*

**(4) Riflettere sulle possibili interpretazioni**

*Riassumendo si può dire che l'immagine mette in rilievo… / è un contributo alla discussione su…*
*L'immagine potrebbe rappresentare / mi fa pensare a / ricorda / suscita in me…*
*Il messaggio dell'autore / del disegnatore potrebbe essere che…*

**(1) Iniziare l'esame**

*Buongiorno, professore XY,*
*Buongiorno, signore/signora.*
*Io sono… Piacere.*
*Posso cominciare?*
*Mi è stato dato un documento che parla di…*
*Scusi, si potrebbe aprire un attimo la finestra?*
*Potrei prima bere un sorso d'acqua? Grazie.*

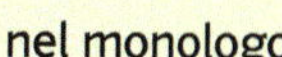

nel monologo

**Come esprimersi durante la prova orale?**

nel dialogo con il / la partner

**(5) Dare la propria opinione**

*Secondo me, l'autore ha proprio ragione dicendo che…*
*Non ho capito bene perché…*
*Non condivido l'opinione dell'autore perché…*
*Penso che non si possa dire facilmente che…*
*Secondo me l'autore ha dimenticato un aspetto molto importante…*

**(8) Introdurre nuovi aspetti e concludere un discorso**

*Parlando di questo argomento, mi viene in mente un film… / un altro aspetto molto interessante.*
*Grazie per quello che hai detto! Mi hai fatto venire in mente un articolo di cui abbiamo parlato nella lezione d'italiano. Ti ricordi?*
*Dunque, alla fine della nostra conversazione possiamo concludere che la mafia…*
*Che bella frase! Riassume e chiude il discorso! Sono assolutamente d'accordo con te!*

**(7) Replicare, ma in modo gentile!**

*Senti, scusa, ma su questo punto non sono d'accordo con te.*
*Pensi proprio che la mafia si possa vincere così facilmente?*
*Scusa, potresti ripetere la tua ultima frase. Ho avuto problemi a seguirti.*
*Non so se mi sono spiegato/spiegata bene. Volevo dire che…*
*Insomma, è tutta una questione di punti di vista. Non ha senso continuare a discutere su questo punto.*
*Forse potremmo arrivare a un compromesso…*

**(6) Iniziare il dialogo con il / la partner**

*Secondo me, le immagini che ci sono state date rappresentano due facce della stessa medaglia. Cosa ne pensi tu?*
*Quello che mi interesserebbe, sarebbe vedere un po' insieme se…*
*Nel tuo monologo mi è piaciuto soprattutto il momento in cui hai dato la tua opinione / in cui hai detto che…*
*Senti, avrei ancora una domanda sulla tua presentazione / immagine…*

Link zum Trailer

# Einzelprüfung 1 Roma

## I Monologo

1. Guarda due volte il trailer ufficiale del film *La grande bellezza* di Paolo Sorrentino. Prendi appunti sulla vita di Jep Gambardella, il protagonista che parla nel trailer. Fai riferimento alle sue riflessioni dall'inizio alla fine del trailer e riassumi il video.

Annotazioni
**un mondano** ein Lebemann – **il chiacchiericcio** das Geschwätz – **sparuto** piccolo – **lo sprazzo** der Funke

2. Analizza la vita che Jep Gambardella ha condotto nella città di Roma per quasi quattro decenni e caratterizza Jep riferendoti anche a ciò che hai visto e sentito alla fine del trailer.

3. In generale Roma non attira soltanto personaggi come Jep Gambardella. Che cosa cercano altre persone che si recano a Roma? Fa' riferimento alle due donne che vedi nella foto di scena del film, ma non solo a loro.

Jep Gambardella Alfredo Marti

## II Dialogo con l'insegnante

1. Il protagonista Jep Gambardella dice: "Roma ti fa perdere un sacco di tempo." Romano, l'amico di Jep, prima di lasciare Roma, dice: "Roma mi ha molto deluso.".

**Vivere in una metropoli significa per forza non aver tempo per le cose essenziali della vita? In generale, quali sono i vantaggi e quali gli svantaggi della vita in una grande città?**

2. Jep Gambardella alla fine del film dice: "[...] la vita, nascosta sotto il bla bla bla. È tutto sedimentato sotto il chiacchiericcio e il rumore: il silenzio e il sentimento, l'emozione e la paura, gli sparuti incostanti sprazzi di bellezza [...]".

**Nella società moderna possiamo evitare di vivere una vita in cui i sentimenti e le emozioni vengono coperti dal "rumore" della vita quotidiana?**

3. "C'è l'antica Roma con la sua grandezza, [...] il suo concetto della Legge, [...] la sua letteratura, [...] la sua architettura, [...] i suoi palazzi, i suoi anfiteatri, i suoi acquedotti, i suoi ponti, le sue strade."
(Orianna Fallaci, *La rabbia e l'orgoglio*, Milano, Rizzoli, 2001, S. 85)

**Presenta e valuta i pro e i contro legati alla presenza di edifici e rovine antichi per la Roma di oggi.**

# Einzelprüfung 2 Migrazione

## I Monologo

1. Descrivi il seguente documento.

2. Presenta in generale la storia dell'immigrazione in Italia. Non dimenticare di parlare in particolare degli anni 2018 e 2019! Quali reazioni della popolazione italiana ha provocato ciò che è stato deciso da alcuni politici italiani durante l'estate del 2018?

## II Dialogo con l'insegnante

1. Come vedono gli italiani il loro Paese oggi? Come un Paese di emigrazione e di immigrazione?

2. Secondo te, l'Italia chiuderà completamente le sue frontiere ai migranti?

3. Saresti disposto ad emigrare in un altro Paese? Se sì, in quale situazione?

# Einzelprüfung 3 Mafia

## I Monologo

1. Descrivi la foto scattata in un negozio di souvenir a Palermo.

2. Le organizzazioni antimafia hanno lanciato una campagna contro articoli di souvenir come le magliette rappresentate sulla foto. Secondo te, perché lo hanno fatto?

3. Esponi le informazioni che hai sui gruppi antimafia / sull'antimafia in Italia.

## II Dialogo con l'insegnante

1. Secondo te, quali sono le iniziative antimafia più convincenti?

2. Secondo te, sarà sufficiente coinvolgere i giovani italiani per vincere la lotta contro le mafie italiane?

3. L'ex Ministro dell'Interno, Matteo Salvini, della Lega, ha detto nell'agosto del 2018: "Preferisco l'antimafia dei fatti a quella delle parole."

   Spiega il contenuto dell'affermazione di Matteo Salvini. Condividi o no il punto di vista dell'ex ministro?

# Tandemprüfung 1 Migrazione: partner A

## I Il tuo monologo (Devi parlare dei punti 1–3 per cinque minuti)

1. Descrivi la foto e spiegane il contenuto.

Italia, anni '70 del XX secolo

2. Formula ipotesi sui pensieri, sui sentimenti, sulle emozioni, sui sogni... del ragazzo che sembra guardarti.

3. Presenta in generale la storia dell'emigrazione italiana e parla anche del documento qui sopra inserendolo nel contesto storico italiano.

## II Ascolta il monologo del tuo / della tua partner (5 minuti)

Durante il dialogo puoi fare riferimento a quello che dice il tuo / la tua partner. Puoi prendere appunti.

## III Dialogo

Discutete sui punti 1–3 e motivate i vostri punti di vista (minimo 10 minuti).

1. Come vedono gli italiani il loro Paese oggi? Come un Paese di emigrazione e di immigrazione?

2. Secondo voi, l'Italia chiuderà completamente le sue frontiere ai migranti?

3. Sareste disposti ad emigrare in un altro Paese? Se sì, in quale situazione?

# Tandemprüfung 1 Migrazione: partner B

## I Ascolta il monologo del tuo / della tua partner (5 minuti)

Durante il dialogo puoi fare riferimento a quello che dice il tuo / la tua partner. Puoi prendere appunti.

## II Il tuo monologo (Devi parlare dei punti 1–3 per cinque minuti)

1. Descrivi la foto e spiegane il contenuto.

2. Presenta in generale la storia dell'immigrazione in Italia. Non dimenticare di parlare in particolare degli anni 2018 e 2019! Quali reazioni della popolazione italiana ha provocato ciò che è stato deciso da alcuni politici italiani durante l'estate del 2018?

3. Presenta in generale la storia dell'emigrazione italiana e parla anche del documento qui sopra inserendo nel contesto storico italiano.

## III Dialogo

Discutete sui punti 1–3 e motivate i vostri punti di vista (minimo 10 minuti).

1. Come vedono gli italiani il loro Paese oggi? Come Paese di emigrazione o di immigrazione?

2. Secondo voi, l'Italia chiuderà completamente le sue frontiere ai migranti?

3. Sareste disposti ad emigrare in un altro Paese? Se sì, in quale situazione?

## Tandemprüfung 2 Economia / Turismo: partner A

### I Il tuo monologo (Devi parlare dei punti 1–3 per cinque)

1. Descrivi il seguente documento.

2. Spiega perché milioni di turisti ogni anno si sentono attirati dall'Italia.

3. Esponi le difficoltà del turismo in Italia oggiorno e le difficoltà che gli italiani devono affrontare siccome c'è il turismo.

### II Ascolta il monologo del tuo / della tua partner (5 minuti)

Durante il dialogo puoi fare riferimento a quello che dice il tuo / la tua partner. Puoi prendere appunti.

### III Dialogo

Discutete sui punti 1–3 e motivate i vostri punti di vista (minimo 10 minuti).

1. Secondo voi, l'Italia ha un'economia che ha poco futuro? Discutendone, presentate argomenti che hanno a che fare con il turismo e con il Made in Italy, ma presentate anche argomenti che riguardano altri settori.

2. Secondo voi, italiani e tedeschi si sentono più vicini ...
   - ... se in Germania arrivano turisti italiani e in Italia vanno turisti tedeschi oppure
   - ... se nei due Paesi si comprano prodotti fabbricati nell'altro Paese?

   Secondo voi, contatti di questo tipo sono importanti?

3. Immaginate la seguente situazione: tu e il tuo partner / la tua partner volete fare un viaggio straordinario insieme. Guardate i documenti. Quale tipo ti turismo italiano vi convince di più? Esponete i vostri argomenti e cercate di mettervi d'accordo.

agriturismo

crociera

ecoturismo

turismo etico

FARE CONSUMO CRITICO NON È MAI STATO COSÌ FACILE!

UNA **APP** PER DISPOSITIVI ANDROID E IOS CON OLTRE **900** OPERATORI ECONOMICI DELLA RETE ADDIOPIZZO, FACILMENTE CONSULTABILI PER CATEGORIA CON SUGGERIMENTI PER IL CONSUMO CRITICO.

**NUOVA EDIZIONE** DELLA MAPPA PALERMO PIZZOFREE EDITA IN INGLESE E TEDESCO.

## Tandemprüfung 2 Economia / Turismo: partner B

### I Ascolta il monologo del tuo / della tua partner (5 minuti)

Durante il dialogo puoi fare riferimento a quello che dice il tuo / la tua partner. Puoi prendere appunti.

### II Il tuo monologo (Devi parlare dei punti 1–3 per cinque minuti)

1. Descrivi l'immagine (pensando particolarmente al Made in Italy) e spiegane i contenuti.

2. Per quali altri (gruppi di) prodotti è famoso il Made in Italy? Che cosa apprezzano i clienti che comprano prodotti con l'etichetta "Made in Italy"?

3. Esponi i problemi di oggi legati al Made in Italy.

## III Dialogo

Discutete sui punti 1–3 e motivate i vostri punti di vista (minimo 10 minuti).

1. Secondo voi, l'Italia ha un'economia che ha poco futuro? Discutendone, presentate argomenti che hanno a che fare con il turismo e con il Made in Italy, ma presentate anche argomenti che riguardano altri settori.

2. Secondo voi, italiani e tedeschi si sentono più vicini...
   - ... se in Germania arrivano turisti italiani e in Italia vanno turisti tedeschi oppure
   - ... se nei due Paesi si comprano prodotti fabbricati nell'altro Paese?

   Secondo voi, contatti di questo tipo sono importanti?

3. Immaginate la seguente situazione: tu e il tuo partner / la tua partner volete fare un viaggio straordinario insieme. Guardate i documenti. Quale tipo ti turismo italiano vi convince di più? Esponete i vostri argomenti e cercate di mettervi d'accordo.

agriturismo

crociera

ecoturismo

turismo etico

**FARE CONSUMO CRITICO NON È MAI STATO COSÌ FACILE!**

UNA **APP** PER DISPOSITIVI ANDROID E IOS CON OLTRE **900** OPERATORI ECONOMICI DELLA RETE ADDIOPIZZO, FACILMENTE CONSULTABILI PER CATEGORIA CON SUGGERIMENTI PER IL CONSUMO CRITICO.

**NUOVA EDIZIONE** DELLA MAPPA PALERMO PIZZOFREE EDITA IN INGLESE E TEDESCO.

## Tandemprüfung 3 Mafia: partner A

### I Il tuo monologo (Devi parlare dei punti 1–3 per cinque minuti)

1. Descrivi e commenta la vignetta. Secondo te, quale messaggio viene trasmesso?

2. Esponi le informazioni che hai sulle mafie italiane (tipi, attività, princìpi sui quali una mafia si basa, fasce sociali, ...).

### II Ascolta il monologo del tuo / della tua partner (5 minuti)

Durante il dialogo puoi fare riferimento a quello che dice il tuo / la tua partner. Puoi prendere appunti.

### III Dialogo

Discutete sui punti 1–3 e motivate i vostri punti di vista (minimo 10 minuti).

1. Secondo voi, quali sono le iniziative antimafia più convincenti?

2. Secondo voi, sarà sufficiente coinvolgere i giovani italiani per vincere la lotta contro le mafie italiane?

3. L'ex Ministro dell'Interno, Matteo Salvini, della Lega, ha detto nell'agosto del 2018: "Preferisco l'antimafia dei fatti a quella delle parole."

   Spiegate il contenuto dell'affermazione di Matteo Salvini. Condividete o no il punto di vista dell'ex ministro?

# Tandemprüfung 3 Mafia: partner B

## I Ascolta il monologo del tuo / della tua partner (5 minuti)

Durante il dialogo puoi fare riferimento a quello che dice il tuo / la tua partner.
Puoi prendere appunti.

## II Il tuo monologo (Devi parlare dei punti 1–3 per cinque minuti)

1. Descrivi la foto scattata in un negozio di souvenir a Palermo.

2. Le organizzazioni antimafia hanno lanciato una campagna contro articoli di souvenir come le magliette rappresentate sulla foto. Secondo te, perché lo hanno fatto?

3. Esponi le informazioni di cui sei a conoscenza sui gruppi antimafia / sull'antimafia in Italia.

## III Dialogo

Discutete sui punti 1–3 e motivate i vostri punti di vista (minimo 10 minuti).

1. Secondo voi, quali sono le iniziative antimafia più convincenti?

2. Secondo voi, sarà sufficiente coinvolgere giovani italiani per vincere la lotta contro le mafie italiane?

3. L'ex Ministro dell'Interno, Matteo Salvini, della Lega, ha detto nell'agosto del 2018: "Preferisco l'antimafia dei fatti a quella delle parole."

   Spiegate il contenuto dell'affermazione di Matteo Salvini. Condividete o no il punto di vista dell'ex ministro?

## Tandemprüfung 4 Politiche ambientali: partner A

### I Il tuo monologo (Devi parlare dei punti 1–3 per cinque minuti.)

'Bosco Verticale', Milano

[...] la caratteristica saliente del Bosco Verticale milanese è compresenza tra il verde e la struttura architettonica: la quantità di alberi predisposta occuperebbe una superficie di 20.000 mq se venisse piantumata direttamente a terra. [...]

https://icondesign.it/guida-milano/bosco-verticale-milano

1. Descrivi la foto.

2. Attualmente si parla molto del cambiamento climatico e delle misure per contenerlo. Spiega in che modo un progetto come il Bosco Verticale possa essere utile per mitigare il cambiamento del clima e quali altre misure sono necessarie.

### II Ascolta il monologo del tuo / della tua partner (5 minuti)

Durante il dialogo puoi fare riferimento a quello che dice il tuo / la tua partner. Puoi prendere appunti.

### III Dialogo

Discutete sui due punti sottostanti e motivate i vostri punti di vista (minimo 10 minuti).

1. L'Italia ha meno difficoltà della Germania a sviluppare un'economia sostenibile? Esponete le vostre riflessioni su questa domanda.

2. Gioco di ruolo, situazione A:
   Sei italiano / italiana. Il tuo amico tedesco / La tua amica tedesca è da te in Italia. Venerdì prossimo ci sarà uno sciopero per il clima nella tua città. Il tuo amico / La tua amica ha già partecipato a scioperi in Germania. Tu non sei convinto / convinta che uno sciopero possa influenzare le politiche ambientali. Secondo te è più importante cambiare le proprie abitudini (andare in bicicletta, fare la raccolta differenziata, ...).
   Scambiate le vostre opinioni e cercate di trovare un compromesso.

## Tandemprüfung 4 Politiche ambientali: partner B

### I Ascolta il monologo del tuo / della tua partner (5 minuti)

Durante il dialogo puoi fare riferimento a quello che dice il tuo / la tua partner.
Puoi prendere appunti.

### II Il tuo monologo (Devi parlare dei punti 1–3 per cinque minuti.)

"Questa settimana dal 20 al 27 settembre, ragazzi e ragazze di ogni Paese stanno scendendo in piazza per rivendicare un'attenzione imprescindibile al loro futuro, che è minacciato dalla devastazione ambientale e da una concezione economica dello sviluppo ormai insostenibile".

Il Ministro dell'Istruzione, dell'Università e della Ricerca Lorenzo Fioramonti a proposito delle manifestazioni 'Fridays for Future' (settembre 2019)

1. Descrivi la foto.
2. Attualmente si parla molto del cambiamento climatico e delle misure per contenerlo. Valuta come il movimento 'Fridays for Future' può avere successo per mitigare il cambiamento del clima.

### III Dialogo

Discutete sui due punti sottostanti e motivate i vostri punti di vista (minimo 10 minuti).

1. L'Italia ha meno difficoltà della Germania a sviluppare un'economia sostenibile? Esponete le vostre riflessioni su questa domanda.
2. Gioco di ruolo, situazione B:
   Sei tedesco / tedesca e ti trovi in Italia dal tuo amico italiano / dalla tua amica italiana. Venerdì prossimo ci sarà uno sciopero per il clima nella sua città. Tu vuoi assolutamente andarci e hai già partecipato a scioperi in Germania. Il tuo amico / La tua amica pensa che sia più utile cambiare le proprie abitudini invece di manifestare.
   Scambiate le vostre opinioni e cercate di trovare un compromesso.

## Mündliche Prüfung 1 Politiche ambientali

Leggi il seguente testo e svolgi gli esercizi.

# Milano, Bosco Verticale

A [pochi] anni dall'inaugurazione, avvenuta il 13 ottobre 2014, il Bosco Verticale progettato da Boeri Studio [...] ha definitivamente oltrepassato la definizione di "nuovo landmark della città di Milano". Del resto, già poche settimane dopo la sua ultimazione il complesso avev[a] ottenuto la prima consacrazione a livello globale, aggiudicandosi l'*International Highrise Award* [...].

Il riconoscimento, promosso dalla città di Francoforte e da una serie di istituzioni tedesche, aveva premiato la capacità del Bosco Verticale di farsi portatore di "un'idea radicale e coraggiosa per le città di domani", proponendosi come "un modello per lo sviluppo di aree ad alta densità di popolazione in altri paesi europei". Con la costruzione delle due torri residenziali, rispettivamente alte 76 e 110 metri, nell'area Porta Nuova Isola, Milano è dunque divenuta capofila di un processo di portata internazionale, per effetto del quale anche altre città si doteranno di edifici analoghi nei prossimi anni: da Losanna a Utrecht; da Parigi a Nanchino fino a Liuzhou, in Cina [...].

Come noto, la caratteristica saliente del Bosco Verticale milanese è compresenza tra il verde e la struttura architettonica: la quantità di alberi predisposta occuperebbe una superficie di 20.000 mq se venisse piantumata direttamente a terra. In particolare, secondo i dati ufficiali forniti da Stefano Boeri Architetti, sono 800 gli alberi ospitati [...], mentre si attesta su quota 15.000 il numero delle piante predisposte [...]. In questo modo, il Bosco Verticale "ogni anno produce 19 tonnellate di ossigeno", contribuendo alle esigenze della città. Nel maggio 2015, il complesso ha ottenuto la certificazione di sostenibilità *LEED Gold*, promossa dal *US Green Building Council*, un'attestazione che ne riconosce le prestazioni sostenibili in ambiti quali il risparmio energetico e idrico, la riduzione delle emissioni di $CO_2$, il miglioramento della qualità ecologica degli interni, i materiali e le risorse.

(295 parole)

https://icondesign.it/guida-milano/bosco-verticale-milano/ (con tagli e leggermente modificato)

Annotazioni
7 **l'ultimazione** *f* die Fertigstellung – 8 **la consacrazione** *qui:* die Bestätigung / Anerkennung des hohen Stellenwertes – 28 **saliente** *qui:* ins Auge springend – 46 **la prestazione** *qui:* die Leistung(-sfähigkeit)

1. Riassumi il testo ed esamina perché generalmente in Paesi come l'Italia e la Germania è necessario agire concretamente per proteggere di più l'ambiente ed il clima.

2. È ancora possibile salvare il nostro pianeta? Esponi le tue riflessioni al riguardo e pensa particolarmente a ciò che possono (o non possono) fare gli italiani ed i tedeschi.

## Mündliche Prüfung 2 Stereotipi

Leggi il seguente testo e svolgi gli esercizi.

*Angela Fiore è italiana, vive a Berlino e ha scritto il seguente testo rivolto agli italiani*

I luoghi comuni sui tedeschi

Una famosa citazione della quale non riesco a trovare l'autore recitava: "Due tipi di persone non sopporto: gli ubriachi quando sono sobrio, i sobri quando sono ubriaco". Parafrasandola, io posso dirvi che ci sono due cose che mi mandano in bestia: gli stranieri che si riempiono la bocca di luoghi comuni sugli italiani e gli italiani che si riempiono la bocca di luoghi comuni sui tedeschi. State tranquilli: difenderò il buon nome della patria sbugiardando chiunque si permetta di deriderci o di fare commenti irrispettosi sul nostro Paese o sulla nostra bellissima gente.

Allo stesso modo, però, gli italiani che sanno parlare dei tedeschi e della Germania solo per luoghi comuni mi fanno salire il sangue al cervello. Se pensate di rendervi simpatici e di creare un'aria di sorniona complicità con i vostri connazionali immigrati insultando il paese in cui vivono, vi sbagliate di grosso. L'unica cosa che riuscite a comunicare è un gretto provincialismo che ci fa venire voglia di fare finta di non parlare la vostra lingua. Quindi, a futura memoria, vi informo che i tedeschi non sono: tutti razzisti, rigidi, severi, antipatici, privi di senso dell'umorismo, aggressivi, freddi, alcolizzati, abituati a parlare urlando, ossessionati dalla puntualità o sostenitori della necessità di portare i sandali con i calzini. Vi informo che, invece, spesso i tedeschi sono: i nostri amici, i nostri colleghi di lavoro, i nostri partner, i genitori dei nostri figli, i nostri vicini di casa con i quali ci si scambia piccoli favori, gli sconosciuti che si offrono spontaneamente di darci una mano se ci troviamo in difficoltà.

Certo, a volte sono anche insopportabili, incomprensibili e intrattabili, come tutti. Come noi e come voi.

(283 parole)

Angela Fiore, *Le domande da NON fare agli italiani a Berlino*, 10.04.2018 www.ilmitte.com

Annotazioni

3 **il luogo comune** il cliché – 9 **sbugiardare qualcuno** far vedere che una persona ha raccontato una bugia – 14 **sornione** scheinheilig

1. Riassumete e spiegate il messaggio che Angela Fiore vuole trasmettere.

2. Analizzate la storia delle relazioni italo-tedesche e valutate se l'uso di luoghi comuni ha già influenzato i rapporti tra Italia e Germania.

# Mündliche Prüfung 3 Gesellschaftliche Konventionen

Leggi il seguente testo e svolgi gli esercizi.

*In un forum online un utente ha postato la seguente domanda:*
***Qual è la differenza tra l'essere maleducato e l'essere diretto?***

*Francesco J. Galvani*, Strategic & Digital Marketing Consultant *presso* Deep Marketing *ha risposto in questo modo*:

Anni orsono sono stato spettatore di una situazione che mi ha chiarito la differenza.
Contesto: profilo junior che si inserisce in un progetto esistente e che sta parlando con i professionisti che sino a quel momento l'avevano gestito.
Sua frase: *"Davvero questa cosa non va per niente bene, è la prima volta che vedo indici così mediocri! Ma come avete lavorato?"*

Maleducato e destinato a pedate.
Senza essere un genio delle relazioni, la frase da persona assertiva e diretta sarebbe dovuta essere: *"Ho notato questi indici particolari che non mi tornano, mi spiegate le decisioni e il contesto? Avete provato anche l'alternativa xyz?"*

Non è pura educazione. È un dato fattuale: non sai mai se di fronte a te hai degli idioti o gente che ha trovato il modo di far volare un Concorde con due litri di benzina verde.
Le persone maleducate sono generalmente limitate e non processano il contesto. Le persone dirette invece non si limitano a urlare alla piazza i problemi manifesti tanto per fare i galletti, ma cercano di capirne la ratio al fine di trovare nuove soluzioni.

(222 parole)
https://it.quora.com/Qual-è-la-differenza-tra-lessere-maleducato-e-lessere-diretto.


Annotazioni
5 **anni orsono** nunmehr vor Jahren – 7 **profilo junior** *qui:* un impiegato / un'impiegata all'inizio della sua carriera lavorativa – 10 **un indice** *qui:* eine (Mess-)Zahl, ein Anzeichen – 14 **tornare** *qui:* aufgehen – 18 **il Concorde** *nome di un aereo molto veloce che è stato in sevizio fino all'anno 2003* – 21 **tanto per** (+infinito) solo per (+infinito) – 21 **il galletto** *qui:* un giovane arrogante – 21 **ratio** *(latino)* causa, ragione

1. Riassumi il punto di vista di Francesco J. Galvani e spiega poi il valore dell'essere diretto in Italia e in Germania. Parla in seguito di altri paralleli e differenze culturali tra questi due Paesi.

2. Inserirsi nel mondo del lavoro è più facile per un / una giovane che vive in Italia o un / una giovane che vive in Germania? Esponi le tue riflessioni su questa domanda.